Ascanio Trojani

Elaborato Peritale e Diritto d'Autore

I Libri del Perito

I Libri del Perito - V
Elaborato Peritale e Diritto d'Autore
© 2017 Ascanio Trojani
ISBN 978-1-326-94499-5
Peritare.it - Lulu, Roma 2017

Ascanio Trojani - *Criminalista, Perito Grafico e Documentale, Trascrittore*
ORCID ID 0000-0001-7602-6504

I Libri del Perito
Collezione a cura di Ascanio Trojani e Marisa Aloia
editor @ peritare. it

Le informazioni presenti in questo volume sono fornite *sic et tal*, senza alcuna responsabilità - ad esempio ma non esclusivamente - per mancati profitti o errata utilizzazione. Il Lettore è tenuto a validare autonomamente le informazioni qui fornite nel proprio ambiente di lavoro.

In copertina : Giuseppe Capogrossi, Studio per la Superficie 399 [particolare], tempera su carta, 1961 - Roma, collezione privata, per cortese concessione.

I Libri del Perito - V

Elaborato Peritale e Diritto d'Autore

INDICE

Introduzione . . . . . pag. 7

I. Il Diritto d'Autore (DdA) e la sua protezione. . pag. 9
1. Definizioni e Fonti . . . . . pag. 9
2. L'Ordinamento, in estrema sintesi . . pag. 10
3. Eccezioni. Estensioni e Limitazioni . . pag. 12
4. I Diritti Connessi . . . . . pag. 15
5. La Cessione senza Corrispettivo Patrimoniale
   e Morale . . . . . pag. 17

II. L'elaborato peritale come opera dell'ingegno e la specificità degli atti prodotti in giudizio . . pag. 21
1. Il *Modo* dell'Utilizzo . . . . pag. 25
2. La *Forma* dell'Utilizzo . . . . pag. 26
3. La *Protezione delle Fonti e dei Metodi* . . pag. 28

III. Applicazioni e Modelli . . . . pag. 31
1. Sull'inserimento delle *citazioni* . . . pag. 31
2. *Liberatorie* . . . . . pag. 44
3. Contratti di prestazione d'opera per gli
   Ausiliari del Perito. . . . pag. 47

IV. Alcuni Problemi Correlati . . pag. 55
1. Sulla riproduzione da documenti archivistici . pag. 55
2. Sulla riproduzione degli *epistolari* . . pag. 58

V. Normativa e Giurisprudenza . . pag. 63

Normativa . . . . . . pag. 63
Giurisprudenza . . . . . pag. 97
Documenti e Modelli di Utilità . . . pag. 100

Bibliografia . . . . . pag. 105

Introduzione

Questo quinto titolo de *I Libri del Perito* è dedicato alle applicazioni del Diritto d'Autore alle relazioni peritali, sia in ambito processuale che extragiudiziario, considerando anche alcune questioni relative alle *pubblicazioni* tecniche e scientifiche.

L'*elaborato peritale* rientra - ed a quali condizioni - tra le *opere dell'ingegno* meritevoli della tutela del Diritto d'Autore ?

La risposta è senz'altro *affermativa* per quanto attiene il diritto morale alla paternità e all'integrità dell'Opera, mentre le *ragioni di Giustizia* prevalgono sui diritti di riproduzione e di sfruttamento economico, con un buon numero di *distinguo* e di *caveat*.

Quel che si intende fornire con queste pagine sono regole semplici e di immediata applicabilità nella pratica professionale del perito, dando maggior rilievo, per l'appunto, alla immediatezza del concetto piuttosto che alla completa eviscerazione dei principi - non ce ne vorranno per questo i *cultori* della Filosofia del Diritto, anzi.

Completano il volume la trattazione di alcuni problemi correlati, come gli accessi agli archivi e il Diritto dAutore sugli *epistolari*, applicabile quest'ultimo, ad esempio, nella redazione di opere in tema di *perizia grafica* utilizzando scritture *reali*.

I

IL DIRITTO D'AUTORE (DdA) E LA SUA PROTEZIONE

1. Definizioni e Fonti

Il *Diritto d'Autore* (nel seguito, *DdA*) è il complesso delle norme che regolano i diritti morali ed economici che spettano all'*Autore* di una *opera dell'ingegno di carattere creativo*.

La definizione di *opera dell'ingegno di carattere creativo* è quella fornita dalla Legge, come l'opera *nata dal pensiero umano, nuova e originale*, in qualunque *modo o forma d'espressione* - *artt. 1 e 2 della Legge 22 Aprile 1941 n. 633* (nel seguito *LdA*) e *art. 2575* del *Codice Civile*.

All'*Autore* dell'*opera creativa* vengono riconosciuti i *diritti morali* alla *paternità* ed all'*integrità* dell'opera stessa ed i *diritti economici* conseguenti al suo sfruttamento, attraverso ad esempio la sua *riproducibilità*.

Il DdA sorge nell'*istante stesso della creazione dell'opera* (è un diritto c.d. *a titolo originario*), purché questa sia di *carattere creativo* e non una *semplice produzione meccanicistica* - il prodotto di un *copia&incolla*, come diremo nel linguaggio corrente - ed ha durata *illimitata* nel tempo per la sua componente *morale*.

All'*Autore* spetta quindi il riconoscimento della *paternità* dell'opera (altri non potranno dichiararla come propria) e della sua *integrità* (nessuno potrà alterarla, modificarla o *derivarla* senza il consenso dell'*Autore*), nonché il *diritto di riprodurla* (ad esempio, a stampa o per via informatica) o di *sfruttarla economicamente* (nessuno potrà trarne profitto senza il consenso e senza adeguata remunerazione all'*Autore*).

I principi qui sinteticamente descritti sono inquadrati, in Italia, dagli *artt*. 2575 e 2580 del *Codice Civile* e dalla citata *Legge 22 aprile 1941, n. 633* (*Legge a protezione del diritto d'autore e di altri diritti connessi al suo esercizio* - la *LdA*) e dalle innumere modifiche a questa apportate sino ad oggi (le ultime sono nella recentissima *Legge Concorrenza*, precisamente la *Legge 4 Agosto 2017, n.124, art.1, comma 56*), in ossequio ai trattati internazionali ed all'evolversi della tecnologia e della giurisprudenza.

2. L'Ordinamento, in estrema sintesi

La *Costituzione della Repubblica* non contiene espliciti riferimenti al DdA, ma la Consulta ha sempre riconosciuto la conformità della normativa relativa ai principi della Carta, sottolineando la priorità degli interessi degli Autori rispetto a quelli del *pubblico* e degli *operatori economici*. Il DdA è tra quelli elencati nella *Dichiarazione Universale dei Diritti dell'Uomo (art. 27, comma 2)*.

Il *Codice Civile* tratta il DdA al Libro V, Titolo IX, Capo I - *Del diritto d'autore sulle opere dell'ingegno letterarie ed artistiche*; l'articolo 2575 indica come *oggetto* del DdA *le opere dell'ingegno di carattere creativo che appartengono alle scienze, alla letteratura, alla musica, alle arti figurative, all'architettura, al teatro e alla cinematografia, qualunque ne sia il modo o la forma di espressione* mentre al successivo art. 2580 si precisano i *soggetti del diritto* (l'*Autore e i suoi aventi causa*) rinviando (art. 2583) alle *leggi speciali* in materia.

La *legge speciale* - la *LdA* - è la *Legge 22 aprile 1941, n. 633* (*Legge a protezione del diritto d'autore e di altri diritti connessi al suo esercizio*) e successive modifiche e integrazioni.

La LdA ribadisce il diritto esclusivo dell'Autore ad utilizzare economicamente l'opera *in ogni forma e modo, originale o derivato*, compresa la *facoltà di cedere a terzi* - dietro compenso o a titolo liberale - tale diritto, nonché la durata di esclusiva, in Italia pari all'intera vita dell'Autore più i 70 anni successivi alla sua morte. Il **diritto patrimoniale** è quindi un *diritto trasferibile*, nelle forme indicate dalla Legge.

Il DdA è *cedibile* di fronte ad un *corrispettivo*, usualmente (ma non obbligatoriamente) espresso in termini monetari, come quando l'Autore cede i *diritti di riproduzione* di un suo libro ad un Editore, a fronte di una percentuale sui *ricavi* delle vendite. Tale *corrispettivo* potrà essere anche pari a *zero*, a sola ed esclusiva discrezione dell'Autore.

Il **diritto morale** d'Autore nasce con l'opera stessa (l'istituto del *deposito legale* serve in realtà a costituire una fattispecie inoppugnabile verso terzi), è *illimitato nel tempo* (anche dopo la morte dell'Autore) ed è alienabile solo ed esclusivamente dall'Autore stesso (non dai suoi *eredi o aventi causa*, quindi); solamente a particolari condizioni, l'Autore (*e solo lui*, come detto) potrà *liberamente e consapevolmente rinunciare* anche ai diritti morali.

L'opera dell'ingegno di carattere creativo è definita dalla LdA come quella *nata dal pensiero umano, nuova* e *originale*, in qualunque *modo o forma d'espressione* - i già citati *artt. 1* e *2* LdA.

L'art. 1 indica le *opere dell'ingegno di carattere creativo* oggetto di tutela, elencate come quelle *che appartengono alla letteratura, alla musica, alle arti figurative, all'architettura, al teatro ed alla cinematografia [...] i programmi per elaboratore* e [...] le *banche dati* - riecheggiando quanto recita il Codice Civile. Il successivo elenco di cui all'*art.2*, per quanto assai dettagliato, *è però ritenuto* **non** *esaustivo* delle manifestazioni espressive degne di protezione, né tantomeno si pretende che l'opera abbia un *altissimo livello qualitativo* o che sia manifesta espressione della *genialità*, che *nella sua eccezionalità oggettiva e soggettiva non può essere adottata come parametro [per la] tutela giuridica*[1].

La *LdA* è una norma assai complessa, variegata e stratificata nel tempo, in alcuni parti ipertrofica e pedante quando, ad esempio, si occupa di specifici settori, come l'*industria audiovisiva*, o quando tratta del contestatissimo, anche in sede europea, monopolio della SIAE per la *collezione dei diritti* ed altre funzioni, come il *diritto di seguito*.

---

[1] Cassazione *773/1980, 11953/1993* e successive, stabilmente conformi.

3. Eccezioni, Estensioni e Limitazioni

Il principio generale della *concretezza dell'espressione* fa escludere dalla tutela le *semplici idee, anche se originali* - la *produzione meccanicistica* richiamata in apertura. Da sottolineare che l'*idea scientifica* e le sue applicazioni **non** sono oggetto di protezione del DdA, ma lo sarà, eventualmente, la *forma espressiva* con la quale queste sono esposte o dimostrate.

All'*opera creativa*, per essere oggetto di protezione, non si richiede di *non* essere contraria alle disposizioni imperative di Legge, all'ordine pubblico o al buon costume[2] - ne potrà essere, semmai, vietata la diffusione se l'oggetto è *contra legem*, sempre rimanendo *opera protetta*.

Il DdA arretra al confronto con altri Diritti che la Legge ritiene prevalenti al verificarsi di specifiche condizioni, previste nel Capo V del Titolo I della LdA.

L'articolo 1 della Legge 633/41 protegge le *opere dell'ingegno di carattere creativo*, dettagliatamente *ma non esaustivamente* elencate all'art. 2 - (in particolare, evidenziamo al *capo 8*, i *programmi per elaboratore*, ed al *capo 9, le banche dati*). Dalla protezione verrebbero quindi escluse le *applicazioni di idee e nozioni semplici*, riconducibili al *patrimonio intellettuale di persone aventi esperienza nella materia*.

Detti principi, che così descritti potrebbero apparire eccessivamente rigidi, vengono stemperati dalla Legge stessa, dalla dottrina e dalla giurisprudenza, nel confronto con il complesso dell'ordinamento dello Stato italiano e con gli obblighi derivanti dai Trattati di adesione all'Unione Europea e ad altre strutture sovranazionali, cercando di inserirsi, quanto più armoniosamente (o *meno conflittualmente*) possibile, tra gli altri Diritti garantiti dalla Costituzione e dalle Leggi.

---

[2] Come viene, invece, prescritto nella disciplina dei brevetti e dei modelli industriali. La giurisprudenza italiana è foriera di esempi *solleticanti*, come le riviste poste sotto sequestro per *oscenità* ma sulle quali si sono state aperte e discusse cause sul DdA delle *immagini* al loro interno.

Ritorniamo alle *banche dati* e a i *programmi per elaboratore*: in questi **non** sono protetti gli *algoritmi* di dominio pubblico o il *contenuto* ma *forma e creatività nella organizzazione*, oltretutto equiparata all'opera letteraria - il DdA non protegge tanto le *idee*, quanto la *forma* in cui queste sono espresse; il *carattere creativo* dell'opera viene cioè individuato più nella *forma espressiva* che nel *contenuto*.

All'articolo 5 della LdA, vengono **esclusi** dalla protezione i *testi degli atti ufficiali dello Stato e delle Amministrazioni pubbliche, sia italiane che straniere*. La norma è giustificata proprio dalla prevalenza assoluta della necessità che detti atti vengano portati alla *pubblica divulgazione* senza ostacoli di sorta rispetto a tutti gli eventuali diritti che possano sussistere. Sono *atti ufficiali* ai fini della norma tutti quelli che per volontà del legislatore o dell'autorità amministrativa, siano *espressione formale e solenne di provvedimenti legislativi, regolamentari, amministrativi*, avendo il requisito fondamentale della *libera pubblica divulgazione*.[3]

Le *eccezioni* sono l'argomento del *Capo V* del *Titolo I* della LdA, intitolato, per l'appunto, *Eccezioni e Limitazioni*.

Atteso che il DdA è ritenuto secondario rispetto a particolari, prevalenti, interessi sociali, la norma segue però la *ratio* del prevenire che le *utilizzazioni libere* possano costituire *concorrenza economica* nei confronti dell'Autore, come nei casi previsti, ad esempio, nell'art. 68, (*riproduzione di opere per uso personale del lettore*) o nell'art. 70 (*libera citazione o riassunto di brani o parti di opera per scopi di critica o di discussione o di insegnamento*) ovvero intervenendo sul *diritto al compenso* (*licenza di riproduzione di brani di opere in antologie scolastiche*, art. 70).

L'interesse prevalente che a noi interessa è quello - chiarissimamente definito - **dell'ambito giudiziario, in particolare processuale**, oggetto dell'**art. 67** della LdA: *Opere o brani di opere possono essere riprodotti ai fini di pubblica sicurezza, nelle procedure parlamentari, giudiziarie o amministrative, purché si indichino la fonte e, ove possibile, il nome dell'autore.*

---

[3] Nonostante la limpidezza della norma, periodicamente, qualche governo, alla disperata ricerca di *risorse*, ipotizza di tassare la consultazione delle Leggi e della riproduzione del loro contenuto.

In tale, limitato, ambito viene quindi meno il **diritto patrimoniale** - l'Autore non può cioè pretendere un compenso per l'utilizzo della sua opera *ai fini di pubblica sicurezza, nelle procedure parlamentari, giudiziarie o amministrative* - ma ne viene garantito (*ove possibile*) il **diritto morale** - l'Autore ha il diritto, inalienabile, acché la sua opera gli sia sempre attribuita e che questa sia sempre ben distinta nella *riproduzione*. È inoltre evidente che l'Autore **non può opporsi** all'utilizzo in ambito giudiziario della sua opera.

Resta quindi da verificare se *l'elaborato peritale*, così come la *traduzione giuridica*, siano *opere dell'ingegno* e non *mera applicazione di regole preordinate*.

La risposta - come si verificherà nel seguito - è **positiva**.

Non saranno, di converso, protetti dal DdA, in ossequio alla *non creatività dei criteri meccanicistici*, quegli elaborati prodotti su *moduli prestampati*, come alcune stime dei danni agli autoveicoli o del valore commerciale degli immobili - ma sarà invece assolutamente protetta la grafica *latu sensu* dei moduli in questione.

I reati tipici connessi alla violazione del DdA sono quelli di *plagio* e *contraffazione*, seppure nell'incertezza delle fattispecie e delle sanzioni.

Il *plagio*[4] è l'azione di chi si appropria dell'opera altrui (o anche di una sua parte o di una sua elaborazione) spacciandola come *propria*, mentre la *contraffazione* è lo sfruttamento economico dell'opera altrui senza appropriazione della paternità (per accrescere la confusività la Legge si riferisce in alcune norme allo *scopo di lucro* ed in altre usa l'accezione più ampia *per trarne profitto*).

Il *plagio* andrebbe escluso qualora gli elementi dell'opera originaria, ripresi nell'opera successiva, non possedessero il *carattere creativo* richiesto dalla Legge, prestando il fianco ad ulteriori interpretazioni restrittive.

---

[4] Da **non** confondersi con la fattispecie dell'art. 603 CP : *Chiunque sottopone una persona al proprio potere, in modo da ridurla in totale stato di soggezione, è punito con la reclusione da cinque a quindici anni* - tra l'altro costituzionalmente illegittimo (sent. 9 *Aprile 1981*, n.96) proprio per l'eccessiva genericità della fattispecie costitutiva del reato.

4. I Diritti Connessi

Il Titolo II della LdA disciplina i *diritti connessi*, ovvero i diritti di chi *pur non essendo l'Autore originale dell'opera*, contribuisce a realizzarla dal punto di vista industriale, tecnico o artistico, nonché altre numerose espressioni creative che il legislatore, con scelta assolutamente discrezionale, ha deciso di escludere dalla *piena tutela* del Titolo I.[5]

Il Titolo II è decisamente eterogeneo ed è decisamente *sbilanciato* e *conservatore* nei confronti dell'industria dell'*audiovisivo*, lasciando alla giurisprudenza l'onere di *inseguire* il progresso tecnico e sociale degli altri settori.

Consideriamo due casi di interesse specifico al nostro ambito, riservandoci di ritornare sul tema nel seguito.

Gli articoli 85-*ter* e 85-*quater*[6] della LdA riconoscono *diritti connessi* a chi utilizza opere dell'ingegno sulle quali sono trascorsi i termini di estinzione del diritto patrimoniale e d'uso esclusivo (quelle che, in sintesi, sono le opere nel *pubblico dominio*), distinguendo tra la pubblicazione di un c.d. *inedito* (all'*editore*[7] vengono riconosciuti i *diritti patrimoniali esclusivi* sull'opera ma con termine ridotto a 25 anni) e la edizione *critica o scientifica* di opere nel *pubblico dominio* (all'editore spettano i *diritti pieni ed esclusivi* ma solamente per la *revisione critico-scientifica* - ma **non** per l'opera che potrà quindi essere liberamente pubblicata da altri - per la durata di vent'anni).

---

[5] La *fotografia*, in particolare, è stata inclusa ed esclusa più volte dalla LdA tra le *espressioni* dell'art.1; attualmente è indicata all'art. 2, punto 7, con alcuni *distinguo* su cui ritorneremo in seguito.

[6] La numerazione delle *varianti* rende perfettamente la complessità e la stratificazione della LdA.

[7] Nel seguito, per necessità di sintesi, i termini *editore, inedito, pubblicazione, fotografia, fotografo* e consimili verranno intesi *latu sensu*, chiamando il Lettore a contestualizzare la terminologia.

La *fotografia*, qualora abbia carattere di *opera dell'ingegno di carattere creativo*, è tutelata come *opera fotografica* ai sensi dell'art. 2, numero 7 della LdA, altrimenti, la si ritiene *semplice fotografia*, a cui si riconosce il *diritto connesso* (art. 87 LdA). La lettera della norma precisa che sono *fotografie*, ai fini della LdA, anche *quelle espresse con procedimento analogo a quello della fotografia*, il che comprende anche l'*imaging digitale*, nel frattempo già divenuta oggetto di alcune *variopinte* determinazioni.

La LdA prevede una *terza categoria* - che in questa sede riveste particolare importanza - quella delle *immagini con funzioni di semplice documentazione* (art.87, III comma) ovvero le *riproduzioni di scritti, documenti, carte d'affari, oggetti materiali e documenti tecnici*, che sono **comunque escluse** dalla protezione, sia come *opera creativa* che *derivata*.

Alle *fotografie semplici*, così come per le *immagini con funzione di semplice documentazione*, **non** viene richiesta la *forma scritta* per la cessione del diritto patrimoniale come per le *opere fotografiche*.

La durata dei diritti per le *opere fotografiche* è pari a quello delle *opere d'ingegno*, mentre per le *semplici fotografie* vale il termine ridotto di venti anni. Se le fotografie sono realizzate in forza di un *contratto di commissione*, il diritto patrimoniale (se esiste) spetta al *committente* quando le *cose* oggetto di ripresa sono nella disponibilità di quest'ultimo. Il diritto morale rimane sempre e comunque in capo al fotografo.

Anticipando un *protocollo operativo*, qualora si affidi a un terzo la realizzazione delle immagini necessarie in una perizia, è sempre raccomandabile la redazione di un *contratto in forma scritta*, anche ai fini della documentazione della *continuità della catena di custodia* e della *registrazione dei parametri tecnici* delle riprese stesse.

Dei diritti connessi relativi alla *corrispondenza epistolare*, art. 93 LdA, si tratterà in seguito.

5. La cessione senza corrispettivo patrimoniale e morale

Nei capitoli precedenti s'è distinto, secondo la dottrina corrente, il DdA nelle due componenti del **diritto morale** e del **diritto patrimoniale**.

Non sussiste un divieto alla cessione dei diritti economici in cambio di un qualsiasi corrispettivo - di solito monetario - e in alcuni casi, con modalità ben chiare, anche alla rinuncia ai diritti morali; il *blackwriter*, colui che *crea* per altri attribuendogli i diritti morali e economici, è l'esempio noto[8] al pubblico, seppure *il contratto di cessione morale* sia in questo caso radicalmente nullo in quanto il *diritto alla paternità* è irrinunciabile in tal forma e il contratto è noto solo alle parti.

La LdA non vieta, come caso limite, che il DdA possa venir ceduto **gratuitamente e/o illimitatamente**, sia per la componente morale che per quella economica. Come già detto, i diritti morali possono essere *liberati* **solo** per scelta esplicita dell'Autore, mentre i diritti economici possono essere negoziati **anche** dagli *aventi diritto*.

Proprio la LdA sancisce una ampia *autonomia contrattuale* all'Autore, purché questo sia l'assoluto *protagonista* delle scelte. L'Autore può quindi, in piena autonomia e consapevolezza, decidere di cedere i diritti di *utilizzabilità* e di *modificabilità* e lo stesso diritto di *paternità*.

La codifica di modi di fruizione dell'opera creativa *meno rigidi* di quelli tradizionali si afferma prima nel campo informatico con le varie *licenze d'uso* (tecnicamente un contratto che indica *cosa si può* e *cosa no* con un *software* e con la annessa documentazione tecnica) e si estende velocemente a tutte le forme espressive, dai testi alle immagini, alla musica e quant'altro.

La *licenza*, cioè, anziché *vietare* determinati usi dell'opera creativa, dichiara *all'origine* la *autorizzazione* ad utilizzare l'opera secondo modi specifici.

---

[8] Almeno sino all'era del *politicamente corretto*, ora dovrebbe dirsi *ghostwriter*.

Il progetto più diffuso è certamente quello *Creative Commons*,[9] che fornisce una piattaforma di *licenze*, utilizzabili per *tutte* le opere dell'ingegno. È così possibile distribuire un'opera associandogli una specifica *licenza* CC, scelta tra la completa protezione dei diritti (*pieno copyright*), una protezione ridotta (*alcuni diritti riservati*) e la totale utilizzabilità e riutilizzabilità della stessa (*pubblico dominio, copyleft*).

Uno schema riassuntivo delle possibilità di *fruizione* dell'opera tra *copyright* e *copyleft* è riassunto in *Figura 1*.

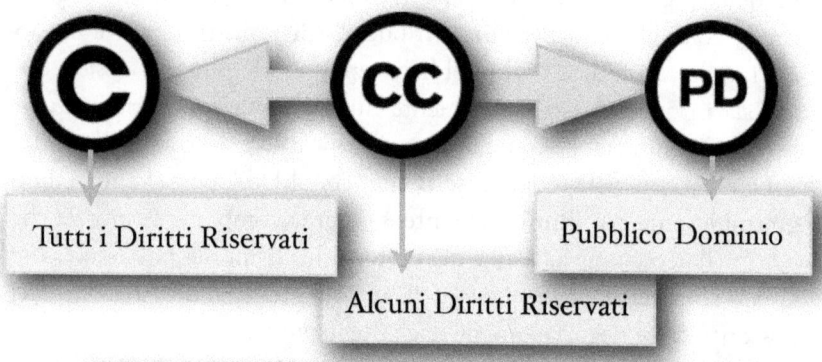

Figura 1
Il Diritto d'Autore tra Tutti i Diritti Riservati, Alcuni Diritti Riservati *e* Pubblico Dominio.

Una licenza CC è scelta in base a semplicissimi parametri. Il primo è la *attribuzione* o meno dell'opera all'Autore, seguita dalla possibilità o meno di *utilizzo commerciale* e dalla concessione o meno delle *opere derivate*, in particolare se l'opera venga ridistribuita nelle stesse forme dell'originale o meno (*ShareAlike*), per un totale di *sei* combinazioni possibili. A queste si aggiunga la recente *licenza* CC0, che codifica - in

---

[9] *Creative Commons Corporation* è a rigore una *tax-exempt charitable corporation* di diritto statunitense, che produce la documentazione giuridica associata alle varie *licenze* fornendo altresì numerosi strumenti tecnici per l'utilizzo delle stesse. Non esistono *dipendenze estere* della CCC, ma dei *gruppi di lavoro* che *localizzano* nazionalmente i modelli giuridici originali.

qualsiasi giurisdizione - la appartenenza al *dominio pubblico,* anche *prima* che scadano i termini di Legge. I marchi delle sei licenze standard CC e della licenza CC0 sono riportati in *Figura 2.*

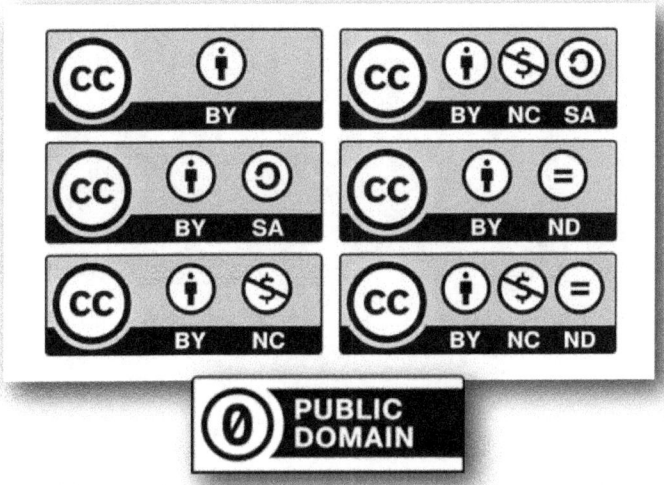

Figura 2
Le sei licenze standard Creative Commons e la licenza CC0.
BY - attribuzione SA - ShareAlike NC - Non Commerciale
ND - Non Opere Derivate

Wikipedia, per fornire un esempio immediato, è licenziata secondo *Creative Commons* CC BY-SA (attribuzione, *ShareAlike);* buona parte dei contenuti di *Europeana*[10] sono invece *disponibilizzati* secondo CC0.

---

[10] *Europeana* è un progetto di consultazione guidata delle biblioteche e degli archivi dell'Unione Europea, fondato sulla libertà di accesso e di utilizzo dei materiali indicizzati *http: // www. europeana. eu/ portal /it*

II

L'ELABORATO PERITALE COME OPERA DELL'INGEGNO E LA SPECIFICITÀ DEGLI ATTI PRODOTTI IN GIUDIZIO

Affrontiamo, dopo la breve introduzione del capitolo precedente, il *tema principale* di questo volume.

Anzitutto: esiste un DdA del complesso di documenti (testi, fotografie, calcoli...) che formano il cosiddetto *elaborato peritale?* Questo può ritenersi *opera dell'ingegno,* foss'anche come *diritto connesso,* o è ridotto a mera *produzione meccanica?* In margine, il DdA può applicarsi solo ad *alcune* parti del complesso documentale in questione?

Secondo, se tal diritto sussiste, vincola i diritti di copia, modifica e rielaborazione *sempre e comunque* oppure esistono situazioni specifiche, nelle quali tali vincoli vengono meno?

La Perizia, la Consulenza o la Traduzione prodotti **a fini di Giustizia** su richiesta del Giudicante o dell'Inquirente ovvero nell'interesse della Parte, sono documenti *eminentemente e liberamente accessibili, copiabili, modificabili e rielaborabili* nel senso che in uno *Stato di Diritto,* sono soggetti alla disamina, al commento e alla valutazione di un Giudice indipendente e delle parti a confronto, fatti salvi gli obblighi di tutela dei *dati personali sensibili* e del segreto d'indagine o di ufficio.

Si osservi, però, che tali *libertà* sussistono **solo** nell'ambito delle *procedure giudiziarie,* e **solamente** in quelle dove le *opere* in questione sono in qualche misura *pertinenti* all'oggetto della procedura stessa, oppure, con alcune sfumature aggiuntive, per le *finalità di informazione giuridica.*

Il *principio della accessibilità agli atti* si impone immediatamente come limpida premessa generale.

Sulle *sovrapposizioni*, nel nostro caso d'esame, tra DdA e *protezione dei dati personali* (nel seguito, semplicemente, *privacy*) ritorneremo nel seguito.

Come detto, l'*articolo 1* della LdA protegge le *opere dell'ingegno di carattere creativo, non esaustivamente* elencate all'*art. 2*, precisando che il DdA non protegge tanto *le idee*, quanto *la forma* in cui queste vengono espresse, e dalla protezione sono escluse le *applicazioni di idee e nozioni semplici*, riconducibili al *patrimonio intellettuale* degli *esperti in materia*, quando espresse in forma *passiva*.

La risposta alla **prima domanda** può essere data attraverso la sintesi di tre sentenze delle *sezioni specializzate* di Napoli, Milano e Venezia, estesamente commentate nei riferimenti riportati in calce, pronunciate negli anni tra il 2012 e il 2015[11].

In queste, facendo anche riferimento agli orientamenti di Cassazione, si ribadisce la *interpretazione che attribuisce carattere esemplificativo e non tassativo all'elenco di cui dell'articolo 2 della Legge 633/41* (in cui, chiaramente, non è indicato l'*elaborato peritale*) e che per godere della tutela della LdA è *sufficiente* che l'opera manifesti anche un *grado minimo di creatività* [...] *soprattutto per le creazioni di carattere tecnico, rispetto alle quali le scelte di contenuto sono in parte obbligate* [...] *quel che può essere variato, secondo la scelta discrezionale dell'autore, sono le modalità espressive* e sopratutto che *la creatività non può essere esclusa soltanto perché l'opera consiste in idee e nozioni semplici, ricomprese nel patrimonio intellettuale di persone aventi esperienza nella materia. La creatività è caratterizzata più*

---

[11] Si tratta, nell'ordine, della Ordinanza del 26 Novembre 2012, 14972/2012, della *Sezione Specializzata per la Proprietà Industriale ed Intellettuale del Tribunale di Napoli* [in *Laura Turrini - Diritto d'autore sul web : tutela estesa alle condizioni d'uso del sito internet - Guida al Diritto, ilSole24Ore*, 14 maggio 2013]; della Sentenza pronunciata il 13 Marzo 2014 nella causa numero 79952/11 dalla Sezione Specializzata in Materia d'Impresa del Tribunale di Milano [in *Luigi Manna - Anche un testo tecnico può essere protetto dal diritto d'autore - Diritto 24*, 3 Giugno 2014]; della Sentenza del 2015 della Sezione Specializzata in Materia di Impresa del Tribunale di Venezia. [in *Luigi Manna - Il plagio della "opera giuridica" dell'avvocato - Diritto 24*, 5 Marzo 2015]

dalla *forma* che dall'*idea* che attraverso questa viene veicolata, sicché anche le *nozioni semplici* della LdA possono essere espresse in *maniera creativa*, degna quindi di tutela. Su tali principi, il collegio veneziano nel 2015 ha in particolare concluso per la sussistenza del DdA per un *testo giuridico* non particolarmente complesso (un regolamento) ma che comunque andava oltre una *mera elaborazione funzionale necessitata*.

L'*elaborato peritale*, così come del resto la *traduzione giuridica*, è quindi *opera dell'ingegno* quando non sia *mera esecuzione di regole preordinate*; ritorniamo all'esempio fornito in apertura degli elaborati prodotti *su modulo prestampato*, non coperti dal DdA mentre lo è la struttura grafica dei moduli in questione.

Le parti *ripetitive* e le *citazioni*, quali ad esempio i protocolli metodologici riportati in apertura delle relazioni, sono tra le *parti obbligate* cui si riferiscono gli estensori delle sentenze ora richiamate, che non sminuiscono la *elaborazione creativa ed espressiva* che costituisce invece il *nucleo* dell'elaborato peritale. Ciò valga anche come risposta per la *copertura parziale* del DdA all'elaborato peritale.

Da sottolineare che anche se è ormai stabilmente positivo e univoco l'orientamento espresso dalle *Sezioni Specializzate*, dalle quali provengono gli esempi citati, si deve ancora registrare una frequente *interpretazione restrittiva* da parte delle *sezioni ordinarie*, che tendono a considerare l'*elaborato peritale*, indipendentemente dal pregio che lo caratterizza, come *mera raccolta di idee e nozioni semplici* non degno nemmeno della tutela relativa alle *opere connesse*, considerando tra l'altro come *rigido ed esaustivo* l'elenco di cui all'art.2 della LdA.

Procedendo con la **seconda questione**: una volta acquisita la applicabilità del DdA all'*elaborato peritale*, e acquisiti come *inamovibili e inalienabili* i relativi *diritti morali*, i *diritti patrimoniali* (copia, modifica e rielaborazione) valgono *sempre e comunque* o sussistono casi specifici ove tale vincolo viene meno ?

Nell'*ambito di un procedimento giudiziario*, stiamo trattando di atti che hanno lo scopo di *far conoscere la verità*, e che hanno fine e valore di *testimonianza* e non di *sfruttamento economico surrettizio* dell'opera dell'altrui ingegno; lo *scopo di Giustizia*, cioè, è tale da far **arretrare altri diritti** - in particolari *condizioni* e *modi*.

Per inciso, il *supremo scopo di Giustizia* è la motivazione per la quale si *testimonia gratuitamente* ed i periti (consulenti, traduttori, interpreti) vengono pagati in *ragione ridotta* - **molto** ridotta - rispetto alle quotazioni di mercato.

Chiarissimo il disposto dell'art. 67 LdA, ancora una volta : *Opere o brani di opere possono essere riprodotti ai fini di pubblica sicurezza, nelle procedure parlamentari, giudiziarie o amministrative, purché si indichino la fonte e, ove possibile, il nome dell'autore.*

È quindi possibile *liberamente* riprodurre e commentare parti dell'elaborato peritale nell'*ambito del procedimento stesso* ed *in quelli connessi*, nonché (con alcuni *distinguo*) per *necessità scientifiche e nell'esercizio del diritto di cronaca* come prevede l'art. 65 della LdA, **sempre indicando la fonte e l'autore.**

Il disposto dell'art. 67 LdA consente altresì di citare *liberamente* altre opere all'interno dell'elaborato peritale, anche per *ampio estratto*, sempre con la *chiara* indicazione di fonte ed autore - questo per le opere coperte dal DdA, ma a *maggior ragione* per quelle che non lo sono.

Infine, riprendiamo l'art. 5 della LdA, che stabilisce che le disposizioni **non si applicano** ai *testi degli atti ufficiali dello stato e delle amministrazioni pubbliche, sia italiane che straniere*, liberando non solo i testi pubblicati sulla *Gazzetta Ufficiale*, ma anche le circolari, gli atti di organismi sovranazionali come quelli della Unione Europea, le sentenze, le relazioni ufficiali, le relazioni di commissioni di esami, le bolle papali e tutti quegli atti che, direttamente o indirettamente, possano essere considerati *atti ufficiali*, indipendentemente dalla formalità di una loro eventuale pubblicazione.

La *ratio* è ancora quella di *liberare* tutti quei documenti che siano indispensabili alla collettività per conoscere la legge e le sue conseguenze, *non ultime le contese giudiziarie*, anche indipendentemente dal fatto che l'opera sia o meno il *prodotto originale ed individuale di un processo autonomo e creativo*.

1. Il *Modo* dell'Utilizzo

Sempre l'art. 67 della LdA - *Opere o brani di opere possono essere riprodotti [...] nelle procedure [...] giudiziarie [...] purché si indichino la fonte e, ove possibile, il nome dell'autore* - definisce chiaramente il **modo** dell'utilizzo delle opere dell'ingegno all'interno della *procedura giudiziaria*.

L'*elaborato peritale* è prodotto dell'ingegno, la cui *paternità* deve essere sempre esplicitamente riconosciuta e rispettata, ma la cui *accessibilità* deve essere completa e non sottoposta a vincolo, meno che mai economico, e può essere *utilizzato* (l'espressione è impropria) per realizzare *opere derivate, senza alterarne il contenuto e nella stessa forma*.

Con riferimento alla piattaforma *Creative Commons*, un elaborato peritale verrebbe ipoteticamente rilasciato secondo una licenza *Attribuzione - Non commerciale - Condividi allo stesso modo - 4.0 Internazionale* [BY- NC - ND] - la categoria *internazionale* dovrebbe intendersi per quegli ordinamenti giuridici che garantiscono l'*equità* del processo.

Al documento deve pertanto essere *sempre* attribuita e riconosciuta l'*origine* (il nome dell'Autore e nel *caso giudiziario* il *contesto*), non potrà essere oggetto di *commercio* (la copia deve essere sempre accessibile a tutti gli interessati, integralmente e senza ostacoli, ed un terzo non potrà *trarne profitto* o distribuirla come sua); ogni documento (*in primis* negli atti di confronto dibattimentale, comprese le *controdeduzioni*, ma anche nelle *sentenze* e nei *provvedimenti* del Magistrato) deve essere condiviso *allo stesso modo*, cioè *in altro atto*, senza alterazioni e modifiche, *all'interno dello stesso procedimento* o in *procedimento correlato*.

Per l'utilizzo per *necessità scientifiche* e *nell'esercizio del diritto di cronaca*, il *modo* dovrà ottemperare anche ai principi di *pertinenza, completezza* e *non eccedenza*, imposti dal *Codice della Privacy*[12]: i dati riportati nell'elaborato peritale citato debbono essere *pertinenti* allo scopo della pubblicazione, *completi*, nell'accezione che non debbono fornire, per

---

[12] Decreto Legislativo 30 Giugno 2003, n. 196, *Codice in Materia di Protezione dei Dati Personali*, Pubblicato sulla *Gazzetta Ufficiale n.174 del 29 Luglio 2003 - Suppl. Ordinario n.123*.

omissione o troncatura, informazioni parziali o ambigue, e assolutamente *non eccedenti*, riportando i dati strettamente necessari alle finalità di informazione (scientifica) e *nulla* di più.

È quindi evidente che la **citazione** *per necessità scientifiche* diviene un *esercizio di equilibrio* tra i tre principi (già di loro frutto di una schematizzazione) e la necessità di informazione. Come si vedrà nel seguito, è sempre opportuno, quando possibile, richiedere una *liberatoria* al soggetto ai *fini di ricerca*, tenendo ben chiari quali sono i *diritti* dello stesso, primo fra tutti quello di richiedere la *cancellazione* dei dati che lo riguardano.

2. La *Forma* dell'Utilizzo

Sempre l'art. 67 della LdA - *Opere o brani di opere possono essere riprodotti [...] nelle procedure [...] giudiziarie [...] purché si indichino la fonte e, ove possibile, il nome dell'autore* - definisce chiaramente anche la **forma** dell'utilizzo delle opere dell'ingegno all'interno della *procedura giudiziaria*.

La *citazione* - sia essa dall'elaborato peritale in esame che da altri documenti protetti dal DdA - correttamente effettuata, dovrà precisare *senza possibilità di dubbio* da dove questa *inizia*, dove *termina* e da dove *proviene*; sono, in pratica, le correnti regole per la *citazione* utilizzate nelle *pubblicazioni tecnico-scientifiche*, e che dovrebbero essere note - quantomeno - per *reminiscenza* dei tempi degli studi.

L'*elaborato peritale* è ordinariamente e nella quasi totalità dei casi una *relazione scritta*, *testuale*, ove la *citazione* è facilmente discriminabile attraverso un accorto uso della grafica. Nel capitolo che segue verranno forniti alcuni semplici esempi di *struttura grafica*, nonché alcuni cenni per *citazioni* di immagini fisse o in movimento.

L'indicazione della *fonte* e (*quando possibile*, recita la norma) dell'*Autore*, qualora si tratti di un testo *a stampa* (articolo, libro, atto di seminario o congresso) segue le diffuse norme per la *citazione bibliografica*. *Citare* un Autore equivale, in sostanza, a *chiamarlo a testimoniare* per la propria tesi (causa) e dovrà, obbligatoriamente, essere data alla controparte ed al Magistrato la possibilità di *controesaminarlo*, seppure nell'*effigie* della sua opera; il testo dovrà quindi essere identificato *chiaramente* ed *univocamente*, in modo da poterlo immediatamente reperire e consultare.

Nella *citazione* di *altro atto* - di norma all'interno di una *medesima* procedura giudiziaria, ovvero di *altra procedura* purché a questa connessa - si seguono gli stessi criteri ispiratori, individuandolo con il *nome* che ha all'interno dei fascicoli. L'esempio che qui, facilmente, possiamo fare è quello delle *controdeduzioni* a una perizia d'ufficio o le *note critiche* alle considerazioni di una controparte; quello che viene riportato dagli elaborati dei colleghi deve essere *immediatamente* riconosciuto come tale e *ogni volta* esattamente riferito e posizionato: *relazione di C.T.U., figura 7, pag. 23* - la *singola* citazione deve cioè essere *immediatamente* recuperabile dal lettore, indipendentemente dalle *altre* citazioni eventualmente presenti.

Più complessa la citazione di un elaborato peritale *al di fuori* di un procedimento giudiziario, ad esempio nell'ambito di una relazione congressuale o in una pubblicazione. Il vincolo prevalente qui diviene quello del *segreto d'ufficio* o *d'indagine*, del *segreto professionale*, della *riservatezza dei dati personali* dei soggetti considerati (ricordando inoltre che il C.T.U. e il perito di ufficio sono, limitatamente all'incarico, *pubblici ufficiali*) rispetto a quello del DdA.

Non sarà quindi assolutamente sufficiente la mera *indicazione del procedimento* per poter utilizzare dati estratti da un fascicolo in una pubblicazione, ma si dovranno valutare le concorrenti necessità dell'*interesse tecnico-scientifico* contro il contesto ora accennato, in un delicato gioco di richiesta (e di ottenimento) di *autorizzazioni, comunicazioni* e *cautele archivistiche*.

La *citazione* dovrà, quindi, essere accompagnata da una serie di *autorizzazioni* da parte dei soggetti interessati (quelli che hanno formato o sono citati sui documenti) e di quelli deputati alla loro gestione nel processo (magistrati, difensori), *oscurando* tutte le informazioni non necessarie allo scopo della citazione stessa.

Parliamo di *pubblicazione* non di *contesto processuale*, sottolineo.

È di fondamentale importanza l'*ambito* in cui la pubblicazione viene utilizzata, sia nel senso del *pubblico* destinatario (generale o specialistico) che del *media* utilizzato (ad esempio, tra il *rotocalco* destinato al grande pubblico ovvero il *paper* per un *journal* con trenta lettori) - in sostanza va nettamente distinta la diffusione deteriore, mirata alla *pruderie*, da quella destinata alle *necessità scientifiche*, riconoscendo a quest'ultima la prevalenza della utilità dell'informazione rispetto alla eventuale lesione della *privacy* dei soggetti interessati, secondo il principio internazionale dell'*universal access to all bona fide analytical users*.

Sulla *privacy* - e sul collegato *diritto all'oblio* - esistono cioè casi in cui è riconosciuto e tutelato il prevalente diritto della collettività a essere informata e aggiornata sui fatti da cui dipende la formazione delle proprie convinzioni, anche se questo comporta un discredito per il titolare di tali diritti.[13]

3. La *Protezione delle Fonti e dei Metodi*

Nel campo dell'*intelligence* e del giornalismo investigativo è frequentissima la necessità di dover divulgare *informazioni* senza nel contempo svelare *dove* (fonte) e *come* (metodo) siano state ottenute.

Tecniche derivate o simili possono essere utilizzate anche nella *citazione* tecnico-giuridica *al di fuori* di un procedimento giudiziario, per trasmettere comunque determinate *informazioni* pur ottemperando agli obblighi del rispetto della *privacy* e dei segreti processuali e professionali.

La via più semplice è quella dell'*oscuramento* dei dati sensibili, del resto *esplicitamente* indicata dalle norme - in sostanza, vengono cancellate o coperte (*in senso grafico*, letteralmente) le parti del documento che non possono essere divulgate in tale sede.

Una seconda via, operativamente più complessa ma che fornisce un documento ben più facilmente leggibile e interpretabile, è quello della

---

[13] Cassazione, V Sez. Penale, sentenza n.*38747* del *3 Agosto 2017*

dissimulazione (*disguise*) del **contenuto non rilevante**, che viene sostituito con una narrazione che deve essere al contempo tale da non consentire l'individuazione *delle fonti e dei metodi* e da non alterare la *sostanza* del contenuto di interesse. Ad esempio con un cambio dei nomi, dei luoghi, delle date e circostanze non rilevanti, (magari evitando i soliti Tizio, Caio e Sempronio).

Un esempio di applicazione dell'*oscuramento* e della *dissimulazione* a un testo dato verrà fornito nel capitolo successivo.

La *dissimulazione* consente inoltre di *individualizzare* il testo rilasciato, riportando informazioni, che pur minime, ne consentono la individuazione in caso di *copia non autorizzata*.

Alcuni esempi consentono di chiarire meglio quest'ultimo aspetto: in cartografia è d'uso (lo fa anche *Google*) inserire elementi - vie, isole, altri accidenti geografici - *inesistenti* nella realtà ma *indifferenti* ai fini dell'utilizzo, che con la loro presenza individuano *con certezza* una copia non autorizzata; questi elementi spuri sono noti come *copyright traps*[14], uno dei più noti è la cittadina di *Agloe*, NY, presente anche con una voce su *Wikipedia*.

Ancora: nella redazione dei capitolati d'opera, per evitare un utilizzo abusivo di questi, vengono alterate alcune grandezze (un'area, una lunghezza) in quantità indifferenti allo scopo dell'opera progettuale, nei testi enciclopedici o nei dizionari vengono inserite *lemmi*, *refusi apparenti* o accezioni *di fantasia* - persino nelle tabelle matematiche del Chambers[15] vi sono elementi *trappola*.

---

[14] *The word: Copyright Trap*, New Scientist, Vol. 192, n. 2574, pag.62 (21 Ottobre 2006)

[15] L. J. Comrie, *Chambers's Shorter Six-Figure Mathematical Tables*, Edinburgh: W. & R. Chambers, 1964

III

APPLICAZIONI E MODELLI

1. Sull'inserimento delle *citazioni*

Riassumendo, ancora una volta, il disposto dell'art. 67 LdA, la *citazione* - sia essa da un elaborato peritale che da altri documenti - deve consentire di apprezzare *senza possibilità di dubbio* dove questa *inizia*, dove *termina* e da dove *proviene*.

La relazione peritale è - anche in tempi di *processo telematico*[16]- una struttura *testuale e unidirezionale* (l'*ipertesto* è al di là d'essere conosciuto). La citazione va quindi *differenziata* dal corpo della relazione attraverso la *formattazione*, l'uso (accorto) degli elementi e delle strutture grafiche: deve essere, cioè, *graficamente diversa e non confondibile* con il resto della struttura in cui è inserita.

Si deve altresì tener conto che in alcuni casi (la *asseverazione-giuramento* o le recentissime *linee guida per la redazione di atti*[17]) viene *imposta* alla relazione una *specifica, rigida*, forma grafica - nel *giuramento*, ad esempio, v'è un vincolo al numero di *battute* per *pagina* e l'impaginazione delle *tavole* è in *allegato* anziché nel corso dell'esposizione[18].

---

[16] O più propriamente, in vigenza dell'*obbligo del formato digitale per gli atti* e della *trasmissione telematica* dei documenti.

[17] Protocollo CNF-Cassazione del 2015, Decreto Pres. Cons. Stato 167/2016 e le più recenti *Linee Guida* pubblicate dall'OA di Milano nel 2017.

[18] Il motivo di quest'ultima regola è volgarmente *monetario*, lo scopo è di ridurre al massimo l'esborso per le marche da bollo senza violare la norma.

Gli elementi più semplici di *differenziazione* sono le *virgolette citazionali* (doppie e basse, le c.d. «francesi», oppure doppie e alte, le c.d. "inglesi") ovvero l'uso dell'*italico* in contrapposizione al normale utilizzato nel resto dell'elaborato.

Una differenziazione più marcata la si ottiene riducendo lievemente i *margini* del *blocchetto* della citazione rispetto ai margini ordinari, ovvero variando la classe del *font* utilizzato, ad esempio da *serif* a *sans serif*, ovvero riducendo o aumentando il *corpo* del testo citato.

Oltre alle raccomandazioni di carattere *estetico*, per non trasformare l'elaborato in un malloppo inguardabile e illeggibile, la regola principale è quella della *uniformità* dello schema grafico applicato, che deve rimanere lo stesso per *tutta* la relazione.

Sulle norme generali della *impaginazione grafica* si rinvia il Lettore avido di approfondimenti alla ampia bibliografia al termine del volume.

La citazione esige sempre la indicazione della *fonte* e (*quando possibile*, recita la norma) dell'*Autore*; qualora si tratti di un testo *a stampa* (articolo, libro, atto di seminario o congresso) si seguono le ordinarie norme per la *citazione bibliografica*.

Non confondiamo però la *citazione* con il *rinvio* ad altro testo - la *citazione* è qui intesa come l'inserimento di un **estratto** di altra *relazione* (*peritale*) o di altro documento, mentre il *rinvio* lo si ha, ad esempio, quando si *indica* semplicemente al Lettore, normalmente con una *nota a piè di pagina*, un riferimento bibliografico o documentale.

Nella *citazione* di *altro atto* - all'interno di una *medesima* procedura giudiziaria, ovvero di *altra procedura* purché a questa *connessa* - si seguono gli stessi criteri ispiratori, individuandolo con il nome che ha all'interno dei fascicoli. L'esempio che in questa sede abbiamo scelto è quello delle *controdeduzioni* a una perizia d'ufficio o le *note critiche* alle considerazioni di una controparte; quello che viene riportato dagli elaborati dei colleghi deve essere *immediatamente* riconosciuto come tale e *ogni volta* esattamente riferito e posizionato: *relazione di C.T.U., figura 7, pag. 23* - la *singola* citazione deve cioè essere *immediatamente* recuperabile dal lettore, indipendentemente da *altre* citazioni eventualmente presenti.

La citazione "tra virgolette" appare, nel caso più semplice, così :

> Lorem ipsum dolor sit amet, consectetur adipiscing elit. Fusce sit amet mi hendrerit, luctus erat id, cursus nunc. Duis non cursus turpis: "Nulla facilisi. Suspendisse sodales sapien nec tellus euismod, vitae interdum lorem congue. Curabitur augue est, pellentesque in suscipit vel, tincidunt rutrum purus. Phasellus in ornare ipsum, a iaculis lacus." (cit. Opus, III, pag. 120)
> Morbi volutpat diam sed ligula cursus tempus. Donec suscipit ex nec tellus faucibus, id rutrum nunc semper.

Forma *obbligata* in tempi di *macchine per scrivere*, che però non consente una differenziazione immediata della citazione (**sempre** individuata dalle coordinate - qui messe tra parentesi), specie in presenza di altri vincoli alla struttura grafica.

Isolando il *blocchetto* della citazione con uno spazio *dopo* il paragrafo che precede e restringendo i *margini* del paragrafo della citazione l'effetto è *assai* migliore (tenete però conto che i ricordati *standard tribunalizi* non consentono *righe in bianco* o *spazi in fine rigo* non *barrati* e che nel caso di *asseverazione* il cancelliere *conta le righe*):

> Lorem ipsum dolor sit amet, consectetur adipiscing elit. Fusce sit amet mi hendrerit, luctus erat id, cursus nunc. Duis non cursus turpis:
>
> > "Nulla facilisi. Suspendisse sodales sapien nec tellus euismod, vitae interdum lorem congue. Curabitur augue est, pellentesque in suscipit vel, tincidunt rutrum purus. Phasellus in ornare ipsum, a iaculis lacus."
> > (cit. Opus, III, pag. 120)
>
> Morbi volutpat diam sed ligula cursus tempus. Donec suscipit ex nec tellus faucibus, id rutrum nunc semper.

Il testo *respira* maggiormente, la citazione è perfettamente circoscritta ed individuabile, facilitando anche la lettura dell'elaborato.

L'uso del - chiamiamolo così - *pseudodattiloscritto* ha la sua ragion d'essere quando sono richieste strutturazioni particolari del documento - *vide supra*; esempi ulteriori sono gli atti richiesti in alcune procedure estere o che sono destinati ad ulteriore elaborazione grafica.

La pratica corrente è da una ventina d'anni legata al *modello standard* degli elaboratori elettronici di testo: *pagina* formato A4, *blocco* del testo centrato nella pagina (*margini* eguali sopra/sotto e destra/sinistra), font *serif* (*Times* e discendenti), *corpo* 12, *interlinea* 1,5; il *font* ammette, inoltre, almeno le varianti *italico* (corsivo), **grassetto** e sottolineato.

Con l'utilizzo del *modello standard*, si possono omettere le *virgolette* e evidenziare con il solo uso dell'*italico* (il **grassetto** andrebbe utilizzato solo per poche parole all'interno di un testo o comunque riservato ai titoli).

Se le citazioni sono brevi e numericamente limitate, il modello che segue è accettabile (se è comunque imposto per le necessità del *conteggio dei bolli*, prima ricordate) :

> Lorem ipsum dolor sit amet, consectetur adipiscing elit. Fusce sit amet mi hendrerit, luctus erat id, cursus nunc. Duis non cursus turpis: *Nulla facilisi. Suspendisse sodales sapien nec tellus euismod, vitae interdum lorem congue. Curabitur augue est, pellentesque in suscipit vel, tincidunt rutrum purus. Phasellus in ornare ipsum, a iaculis lacus. (cit. Opus, III, pag. 120)* Morbi volutpat diam sed ligula cursus tempus. Donec suscipit ex nec tellus faucibus, id rutrum nunc semper.

Se le citazioni sono invece numerose - e se si vuol dare a queste maggiore evidenza argomentativa - si isola il *blocchetto*:

> Lorem ipsum dolor sit amet, consectetur adipiscing elit. Fusce sit amet mi hendrerit, luctus erat id, cursus nunc. Duis non cursus turpis:

> *Nulla facilisi. Suspendisse sodales sapien nec tellus euismod, vitae interdum lorem congue. Curabitur augue est, pellentesque in suscipit vel, tincidunt rutrum purus. Phasellus in ornare ipsum, a iaculis lacus.*
> *(cit. Opus, III, pag. 120)*
>
> Morbi volutpat diam sed ligula cursus tempus. Donec suscipit ex nec tellus faucibus, id rutrum nunc semper.

La variante *corsiva* di alcuni font, anche assai diffusi, presenta però problemi di leggibilità quando il testo supera la lunghezza di qualche parola. In tal caso è possibile utilizzare un *diverso font*, appartenente a diversa famiglia, come una coppia *serif/non serif* :

> Lorem ipsum dolor sit amet, consectetur adipiscing elit. Fusce sit amet mi hendrerit, luctus erat id, cursus nunc. Duis non cursus turpis:
>
> "Nulla facilisi. Suspendisse sodales sapien nec tellus euismod, vitae interdum lorem congue. Curabitur augue est, pellentesque in suscipit vel, tincidunt rutrum purus. Phasellus in ornare ipsum, a iaculis lacus."
> (cit. Opus, III, pag. 120)
>
> Morbi volutpat diam sed ligula cursus tempus. Donec suscipit ex nec tellus faucibus, id rutrum nunc semper.

Qui abbiamo un accoppiamento *Garamond* (*serif*) e *Avenir* (*sans serif*) - osserviamo inoltre che il *corpo*, tra *font* diversi, può apparire visivamente incoerente (*uno sembra più grande dell'altro*, in termini brutali) e quindi va regolato di conseguenza (qui sopra abbiamo il *Garamond* a cp 11 e l'*Avenir* a cp 9).

La *regola* è comunque sempre la stessa: indicazione della fonte e dell'Autore, ripetuta *ogni volta*, differenziazione grafica della citazione rispetto al resto dell'elaborato (compatibilmente con le *superiori regole tribunalizie* o altre necessità imposte)

Consideriamo ora la *citazione* di **elementi non testuali**, grafici (immagini, disegni, riproduzioni di intere pagine di documenti) o di altra natura (filmati, ad esempio).

Elementi *non testuali* sono normalmente *citati* in sede di controdeduzioni ad altro elaborato, quando si presenta, ad esempio, una tavola dalla relazione contestata e vi si evidenziano quelli che si ritengono *errori*; la *regola*, più e più volte ripetuta vale anche in questo caso, l'elemento deve essere riprodotto senza alterazione alcuna, indicando esattamente fonte ed Autore, *ogni volta*.

Se si vuole *intervenire graficamente* sull'elemento, deve essere immediatamente chiaro che l'intervento ha carattere di *commento*, di *intervento critico*, **non** di *rielaborazione* - anche nel caso in cui, sempre ad esempio, vi sia una esplicita autorizzazione del magistrato ad avvalersi dei dati di una perizia precedente.

La *Figura 3*, qui di seguito, raffigura una pagina di un generico *elaborato* dal quale si vuole *citare* e *commentare* - uno *screenshot* del file della relazione; il *soggetto* raffigurato è in *pubblico dominio* e non deve rilasciare liberatorie.

Da quanto ripetuto sinora è una forma corretta di *citazione* della pagina in questione, quando accompagnata dai riferimenti specifici: gli estremi dell'elaborato, che potranno essere citati una sola volta e poi sottesi, qualora non si creino incertezze, il numero di pagina della relazione, ogni altra informazione che si ritenga necessaria per individuare non solo con *certezza*, ma anche con *velocità* l'oggetto.

La *singola* figura (o disegno, o diagramma, o tabella che sia) estratta dalla pagina in questione è riprodotta, sempre in una forma *genericamente canonica*, nella *Figura 4*. La figura deve *differenziarsi graficamente* dalle altre figure del vostro documento, in modo che non vi possa essere *mai* alcun dubbio sulla sua origine, e vanno *sempre* indicati i riferimenti specifici, in didascalia o in una nota a margine (*figura 2, pagina 5 della relazione*, etc). La *prèscia* con la quale, purtroppo, vengono esaminati gli atti di causa è motivo sufficiente per evitare ogni e qualsiasi ambiguità.

Figura 3
La pagina di un generico elaborato peritale da citare in forma grafica.

figura 2, pagina 5 della relazione

Figura 2
Maecenas nisl leo, dictum non feugiat eu, luctus non tortor. Sed felis ante, placerat at consectetur nec, condimentum vel dolor. Etiam ut ultrices eros.

Figura 4
Una figura estratta dal documento da commentare; riportata la didascalia originale e i riferimenti specifici, o nella vostra didascalia o, ad esempio, in margine alla figura stessa.

Gli interventi grafici sulla *figura estratta*, necessari a individuare e sintetizzare l'*oggetto della critica*, devono anch'essi apparire *estranei*, si deve cioè capire che *l'avete messi voi* e che non esistono nell'originale. Tenuto però conto della difficoltà a trovare una forma grafica ottimale, conviene sempre ripetere nella didascalia che *i segni grafici sono aggiunti dal sottoscritto consulente*, o formula analoga.

figura 2, pagina 5 della relazione

Figura 2
Maecenas nisl leo, dictum non feugiat eu, luctus non tortor. Sed felis ante, placerat at consectetur nec, condimentum vel dolor. Etiam ut ultrices eros.

Figura 5
Il commento **grafico** *alla figura citata.*
Segni grafici aggiunti dall'autore delle presenti note.

La possibilità di avvalersi di documenti composti *a colori* semplifica il problema - non è immediatamente intuitivo, ma molte *piattaforme*, estendiamo il termine informatico, non accettano nemmeno la *scala di grigi* (impropriamente i c.d. *files a 8 bit*), come alcuni archivi statali, oppure in sede di importazione modificano lo *spazio colore* dei files.

Accenniamo - la complessità del problema, consiglia di rinviare ai riferimenti in bibliografia[19] - al problema della *citazione* nella relazione peritale, di brani provenienti da **documenti audiovisivi** (*suoni e/o immagini*). In questi resta sempre valido il disposto dell'art.67 LdA (la *citazione* deve consentire di apprezzare *senza possibilità di dubbio* dove questa *inizia*, dove *termina* e da dove *proviene*).

In verità, nel caso di narrazioni audiovisive ridotte nella narrativa lineare del *testo scritto*, non più di *citazione* si dovrebbe parlare, ma già di *rielaborazione* - una *opera derivata*, volendo mantenere il linguaggio introdotto in questo piccolo volume. I colleghi trascrittori ben sanno come la *trascrizione di un dialogo* non sia il dialogo stesso, ma (in termini matematici) una sua *sezione* che elimina le variabili relative, ad esempio, alla *gestualità* e in generale a tutta l'*espressione non-verbale*, con tutte le conseguenze del caso; così, riportare un filmato attraverso le immagini dei *frames significativi*, non sostituisce in alcun modo il filmato integrale, specie in ambito processuale.

Si dovrà quindi sempre avere l'*ulteriore accortezza* di allegare il documento audiovisivo *integrale*, oltretutto con le modalità operative imposte dalle correnti norme sul *processo telematico*, che (allo stato attuale) **non** comprendono i formati informatici audiovisivi tra quelli *ammessi*[20].

Non è infine eccessivo rammentare ancora una volta la necessità di non alterare in alcun modo il materiale a disposizione alle finalità del deposito, evitando anzitutto di *ridurre le dimensioni dei file* o modifi-care lo *standard* utilizzato (ad es. da *tiff* a *jpg*, per le immagini).

---

[19] Per tutte, le opere di **Edward Tufte** - *The Visual Display of Quantitative Information. Envisioning Information, Visual Explanations, Beautiful Evidence* - Graphics Press [cfr. bibliografia al termine del volume]

[20] Filmati, fotografie e altra documentazione prodotta nei formati *non ammessi* va depositata, su un **disco ottico non modificabile**, in cancelleria, senza necessità di autorizzazione specifica del magistrato - cfr. Nicola Gargano e Luca Sileni, *Il Codice del PCT commentato*, Giuffré, Milano 2017

Per quanto attiene alla citazione (per *estratto*, non il semplice *richiamo a piè di pagina*) di un testo *a stampa* (articolo, libro, atto di seminario o congresso, risorsa *su Internet*) si debbono seguire le diffuse norme per la *citazione bibliografica*. *Citare* un Autore equivale, come detto, a *chiamarlo a testimoniare* per la propria tesi (causa) e si dovrà, obbligatoriamente, dare alla controparte ed al Magistrato la possibilità di *controesaminarlo*, seppure nell'*effigie* della sua opera; il testo dovrà quindi essere sempre identificato *chiaramente* ed *univocamente*, anche in modo da poterlo immediatamente reperire e consultare.

È opportuno altresì, in caso di fonti reperibili con difficoltà, allegare *copia* dell'articolo o della parte di testo che interessa, riportando però visibilmente sulla copia la dizione "**riprodotto e utilizzato nei termini previsti dall'art. 67 LdA - vietata ogni altra riproduzione**" [21]

Lo schema da utilizzare è quello comune, con indicazione nell'ordine di *Autore(i)*, *Titolo*, *Editore*, *(Edizione)*, *Città* e *Anno*, indicazione delle pagine di interesse e dell'ISBN, eventuale traduzione. L'*Autore(i)* andrebbe indicato - se possibile - con nome e cognome.

Agli articoli di pubblicazioni periodiche dopo *Autore(i)* e *Titolo* si indica il nome del *periodico*, l'*annata* (o il *volume*), il *fascicolo* (mese, settimana, numero) e l'*intervallo delle pagine*; per gli atti congressuali dopo *Autore(i)* e *Titolo* va l'indicazione del *titolo del convegno*, il *luogo*, la *data*, l'eventuale indicazione della posizione nella edizione degli *atti*.

Le fonti *da Internet* vanno accompagnate dalla *data della consultazione* - e la *diligenza del buon padre di famiglia*, ancor più di quella professionale, consiglierebbe di salvarne copia.

La citazione bibliografica, più che una *norma* appare come *un'arte*: per maggiori approfondimenti, si può consigliare senza meno il *manualetto* di Umberto Eco[22], ovvero le regole per gli Autori delle riviste

---

[21] Volendo essere pedanti: *[articolo] riprodotto ed utilizzato nell'ambito di una procedura giudiziaria nelle fattispecie previste dalla Legge 22 aprile 1941, n. 633 (Legge a protezione del diritto d'autore e di altri diritti connessi al suo esercizio), capo V, titolo I, art. 67 - vietata ogni altra riproduzione al di fuori dell'ambito originario.*

[22] Umberto Eco, *Come si fa una Tesi di Laurea*, Bompiani, Milano 2001 *[edizione corrente]*

scientifico-tecniche[23] - ovviamente, una volta adottata una *regola*, questa andrebbe mantenuta per tutto l'elaborato, anche se con le *piccole varianti* che potrete ricercare anche in questo testo.

Quando s'è introdotta la necessità della *Protezione delle Fonti e dei Metodi* (*pag. 28*) sono state indicate le due tecniche dell'*oscuramento dei dati sensibili* e della *dissimulazione* (*disguise*) del contenuto non rilevante.

Nell'*oscuramento* - che è la tecnica *esplicitamente* indicata dalle norme sulla *privacy* - in sostanza, vengono cancellate o coperte (*in senso grafico*, letteralmente) le parti del documento che non possono essere divulgate (o meglio, *le informazioni che sono ultronee allo scopo prefisso*).

Esempio, comune, quello delle sentenze nelle quali si cerca di togliere personalità al caso per concentrarsi sull'aspetto giuridico:

> In primo luogo, dalla lettura del contratto, si evince che lo stesso venne sottoscritto (con ogni probabilità dal coniuge della ▮▮▮▮) previa esibizione del documento di identità di quest'ultima costituito dalla carta di identità rilasciata dal Comune di ▮▮▮▮ in data ▮▮▮▮ n.▮▮▮▮. Anzi, parte convenuta ha depositato addirittura copia del documento, segno evidente che, al momento della sottoscrizione del contratto, lo stesso, come avviene di regola, venne fotocopiato.
>
> Ora, anche a voler ritenere, conformemente alle risultanze della CTU, che il contratto non venne sottoscritto dalla ▮▮▮▮, certo che colui che appose la sua firma, disponeva del documento di identità della medesima, E tale disponibilità da un lato induce a ritenere che l'attrice avesse autorizzato il sottoscrittore a concludere il contratto in suo nome e, dall'altro, poteva ingenerare in capo a ▮▮▮▮ il legittimo affidamento circa la ricorrenza dei poteri rappresentativi in capo al sottoscrittore.

Un tipico esempio di truffa *Mamma&Papà*. Nomi, luoghi, elementi identificativi immediati sono *oscurati*, senza che però si perda la possibilità di apprezzare lo svolgimento dei fatti.

---

[23] Ad esempio: *Norme per gli Autori dell'Italian Journal of Medicine* (Elsevier) - reperibile all'URL: https://goo.gl/GVgAzo oppure la *Guida per leggere e compilare una bibliografia - Biblioteca del Senato "Giovanni Spadolini"* - Roma, s.d. (è disponibile il PDF sul sito del Senato della Repubblica).

La seconda via, operativamente più complessa ma che fornisce un testo ben più facilmente leggibile e utilizzabile, è quello della *dissimulazione* (*disguise*) del **contenuto non rilevante**. Il testo originale viene sostituito da una *narrazione* tale da non permettere l'individuazione *delle fonti e dei metodi* senza però alterare il *contenuto di interesse*. Non solo il cambio dei nomi, dei luoghi, delle date e circostanze *irrilevanti ma identificatòrie* (evitando Tizio, Caio e Sempronio), ma una rielaborazione più o meno radicale della narrativa - tornando al verbale precedente, abbiamo qualcosa di simile :

> Il marito si presenta presso l'istituto bancario, portando con sé i documenti della moglie, in originale, e fa redare all'impiegato un contratto di finanziamento, a nome di lei, allegando a questo le copie dei documenti di identità e di appoggio alla richiesta.
> La sottoscrizione del contratto viene, però, apposta dal marito - non si sa se con la complicità dell'impiegato o attraverso un raggiro. La moglie, comunque, beneficerà in prima persona del finanziamento come risulta dalle prove documentali e testimoniali; al disconoscimento della firma sul contratto, la risultanza della conseguente C.T.U. che la ritiene non apposta dalla signora, appare irrilevante ai fini del giudizio civile, poiché la signora si è comunque comportata come *conscia beneficiaria* del finanziamento per cui è causa.

Nomi, luoghi, tempi sono qui totalmente omessi, come fossimo nella Ungheria dei film di Mario Camerini o nella Verona di Shakespeare, ma il *contenuto pratico* del testo - il compimento di una truffa *Mamma&Papà* e la sentenza di condanna che giunge nonostante la falsità della firma in verifica (eseguita da *Papà*, invece che da *Mamma*) - sono compiutamente descritti - omettiamo in questa sede i riferimenti giurisprudenziali e tecnici, per ovvie ragioni di brevità.

2. Liberatorie

Consideriamo ora la possibilità di utilizzare il materiale acquisito nel corso di un incarico peritale per i *fini scientifici e didattici*, *al di fuori*, quindi, *del procedimento giudiziario* coperto dall'art. 67 LdA.

L'ambito, ad esempio, è quello di una relazione congressuale o di una pubblicazione a stampa.

Il vincolo fondamentale è quello del *segreto d'ufficio* o *d'indagine*, del *segreto professionale*, della *riservatezza dei dati personali* dei soggetti considerati (sottolineando che il C.T.U. e il perito di ufficio sono, nell'ambito dello specifico incarico, *pubblici ufficiali*), che marginalizza quando non prevale sul DdA.

Come già accennato, va valutata preliminarmente la utilità tecnico-scientifica dell'utilizzo del materiale acquisito, sottoponendola poi a una attenta valutazione tra le concorrenti necessità - per l'appunto - dell'*interesse tecnico-scientifico* e dei vincoli ora brevemente elencati, in un delicato *esercizio di equilibrio* tra queste, e la conseguente richiesta (e ottenimento) di *autorizzazioni, comunicazioni* e *cautele archivistiche*.

È pertanto del tutto insufficiente la mera *indicazione del procedimento* per poter utilizzare dati estratti da un fascicolo in una *pubblicazione*[24]. L'uso dovrà, quindi, essere accompagnato da una serie di *autorizzazioni* da parte dei soggetti coinvolti (i.e. quelli che hanno formato o sono citati sui documenti) e di quelli deputati alla loro gestione nel processo (magistrati, difensori), *oscurando* tutte le informazioni non necessarie allo scopo della citazione stessa.

Ci riferiamo alla *pubblicazione* e non al *contesto processuale*, ripeto.

---

[24] Nel seguito, con il termine *pubblicazione* faremo complessivo riferimento, per brevità, a tutti gli studi svolti sul materiale di interesse, **al di fuori del procedimento giudiziario**, come la formazione di *letteratura grigia*, relazioni congressuali, articoli su periodici di varia destinazione, diffusione attraverso mezzi di comunicazione di massa (incluso *Internet*).

Nella valutazione preliminare, è fondamentale l'*ambito* in cui la *pubblicazione* verrà utilizzata, sia nel senso del *pubblico* cui è destinata (generale, specialistico, ristretto) che del *media* utilizzato (distinguendo tra i citati *rotocalco* destinato al grande pubblico e il *paper* per un *journal* con trenta lettori). Va a priori evitata e prevenuta la diffusione deteriore, mirata alla *pruderie*, da quella destinata alle *necessità scientifiche e didattiche*, riconoscendo a queste ultime la prevalenza della utilità dell'informazione rispetto alla eventuale lesione della *privacy* dei soggetti interessati, secondo il principio internazionale dell'*universal access to all bona fide analytical users*.

Sulla *privacy* - e sul collegato *diritto all'oblio* - la Legge prevede e tutela casi a cui viene riconosciuto il *prevalente diritto della collettività a essere informata e aggiornata sui fatti da cui dipende la formazione delle proprie convinzioni*, anche se questo può comportare un *discredito* per il titolare di tali diritti.[25]

Per quanto attiene al materiale di interesse tecnico-scientifico o didattico, acquisito nel corso di un *incarico di parte*, la normativa corrente, anche a seguito dell'obbligo di preventivo scritto introdotto dalla *legge concorrenza 2017*, suggerisce di aggiungere un paragrafo a tale documento da far sottoscrivere al cliente, indicativamente come nel seguente modello[26]:

> **Art. XY - Autorizzazione all'utilizzo a fini scientifici e didattici del materiale acquisito**
> Il Cliente autorizza il Consulente ad utilizzare, nei modi e nei limiti stabiliti dai **Codici di deontologia e di buona condotta per i trattamenti di dati personali per scopi storici e per i trattamenti di dati personali per scopi statistici e scientifici,** allegati al Decreto legislativo 30 giugno 2003, n. 196, *Codice in materia di Protezione dei Dati Personali*, il materiale raccolto ai fini di ricerca scien-

---

[25] Cassazione, V Sez. Penale, sentenza n.38747 del *3 Agosto 2017*

[26] elaborato da: A. Trojani, M. Aloia, M. Molinari - *Strumenti Giuridici e Tecnici per la Perizia Grafica - I Libri del Perito, I - Peritare.it, 2013*

tifica ovvero nella attività didattica e formativa nel settore [della perizia Grafica e Documentale], garantendo i principi di anonimizzazione (per quanto applicabile), offuscamento dei dati ultronei, e di limitazione settoriale dell'utilizzo, rinviando alla Norma per quant'altro non esplicitamente indicato. Al Cliente è garantito il diritto di richiedere in ogni momento copia delle *pubblicazioni* in cui è utilizzato il materiale in questione, e di chiederne la rettifica o la cancellazione - per le *pubblicazioni a stampa*, questa potrà avvenire solo a partire dalle edizioni *successive* a quella corrente.

Trattandosi di **clausola vessatoria**, il Cliente dovrà esplicitamente approvare il contenuto del paragrafo ora suggerito, con sottoscrizione distinta da quella per l'approvazione del contratto stesso nella sua interezza.

Il *soggetto interessato*, nel modello di contratto citato definito in *forma brevis* come *Cliente*, ha il diritto di prendere visione di come il materiale viene utilizzato e di richiederne la correzione; circa il diritto cosiddetto *di ripensamento*, questo non viene esercitato in forma piena, sia per il bilancio a favore delle necessità scientifiche sulla *privacy* prima ricordato, sia per questioni *giuridiche* e *tecniche*: il *ritiro dal mercato* di una *pubblicazione* dovrebbe essere giustificato da un abuso rispetto alla *liberatoria* sottoscritta e dovrebbe comunque essere affidato ad un arbitro o a un giudice.

È quindi opportuno che nella redazione del *contratto* la definizione del Foro competente o del ricorso all'arbitrato rituale in caso di conflitti consideri anche gli aspetti relativi al tema in esame, aggiungendo un paragrafo all'articolo (o al contratto) sopra esemplificato:

> Per ogni e qualsiasi controversia che dovesse insorgere sulla applicazione, interpretazione, validità, efficacia, esecuzione e risoluzione di quanto previsto dal presente articolo [contratto], le parti si obbligano preliminarmente ad esperire un tentativo di conciliazione ai sensi del D.Lgs. 28/2010 e successivi D.M. 180/2010 e D.M. 145/2011, secondo il regolamento di conciliazione di un Organismo iscritto presso il Ministero di Grazia e Giustizia.

Qualora detto tentativo di conciliazione non sortisca esito positivo o non venga risolto entro il termine di 4 mesi dal deposito dell'istanza di mediazione, la controversia sarà devoluta all'autorità giudiziaria competente del Foro di [....]

Più complessa la acquisizione del materiale di interesse nel corso di un *incarico d'ufficio*.

Primo soggetto al quale fare *istanza* è certamente il *magistrato* (e all'istanza relativa accompagnerei anche un incontro personale, in modo da chiarire ogni aspetto dell'uso che si intende fare del materiale e secondo quali regole), ma sussiste sempre il diritto del soggetto interessato acché i suoi *dati sensibili* non siano (inutilmente) divulgati, seppure sia riconosciuto l'*interesse pubblico* sopra quello *personale*.

Il percorso per la autorizzazione è quindi (almeno) duplice, tra magistrato inquirente o giudicante e parte interessata, con le ulteriori sfumature della *pubblicità* tra i procedimenti civile e penali e del fatto che il procedimento sia o meno *in itinere*. Certamente prevalente la autorizzazione del magistrato, purché siano rispettati scrupolosamente gli obblighi di anonimizzazione e oscuramento, ma è evidente che il soggetto interessato potrà ritenere violate le sue ragioni, ricorrendo ad un ulteriore magistrato.

Esercizio di *malabarismo*, si diceva, e cosi, infatti, è.

3. Contratti di prestazione d'opera per gli Ausiliari del Perito

L'art 228 del CPP, al II comma, prevede che *il perito può essere inoltre autorizzato [...] a servirsi di* **ausiliari** *di sua fiducia per lo svolgimento di attività materiali non implicanti apprezzamenti e valutazioni*. Analogamente, per il procedimento civile, ove si preferisce il termine di *prestatore d'opera* per la confusività del termine *ausiliario* in detto ambito.

La figura è comunque sempre caratterizzata dall'affidamento di attività materiali o strumentali, che non implichino le valutazioni che sono invece proprie del consulente d'ufficio. Per maggiori informazioni, rinviamo ad altre fonti.[27]

All'ausiliario va affidato del materiale oggetto dell'accertamento tecnico, ed è quindi parte della **catena di custodia** relativa - affidamento, tipo di attività svolta, tempo utilizzato, luogo dove si è svolta, etc. sono tutti elementi che integrano il verbale di operazioni peritali.

L'attività dell'ausiliario che tipicamente investe la norma sul DdA è quella della *documentazione visiva* dell'oggetto dell'accertamento - ad esempio le *immagini dei documenti* affidati al perito.

La LdA e la giurisprudenza stabilizzata intorno al tema dell'immagine, è riassumibile in tre fattispecie:

- l'**opera dell'ingegno**, pienamente protetta dalla LdA, quando l'immagine sia portatrice di *un messaggio ulteriore e diverso superando la visione oggettiva*[28], in altre parole un rilevante *apporto creativo*;

- la **semplice fotografia**, ove tale apporto creativo manca, protetta per i soli *diritti connessi*;

- quella delle **immagini con funzioni di semplice documentazione** (previste dall'*art.87, III comma*) ovvero le **riproduzioni di scritti, documenti, carte d'affari, oggetti materiali e documenti tecnici**, che sono **comunque escluse** dalla protezione, sia come *opera creativa* che *derivata*.

Il combinato con le norme e la giurisprudenza che definiscono l'*attività del perito* (sia in ambito civile, che penale - compresa l'attività a favore del Pubblico Ministero) implica che l'*ausiliario del perito* fornisca le sole immagini previste nella **terza** fattispecie; nelle altre due, infatti, è presente quella componente *apprezzativa* e *valutativa* che è invece specifica del perito ed è quindi vincolata al puntuale incarico da parte del magistrato.

---

[27] A. Trojani, M. Aloia, M. Molinari - *Strumenti Giuridici e Tecnici per la Perizia Grafica* - I Libri del Perito, I - Peritare.it, 2013

[28] Commento alla sentenza del *Tribunale di Milano del 14 Dicembre 1998*, in Gianfranco Arciero - *La fotografia dei soggetti inanimati: quali diritti, quale tutela*, FotoDossier, 3/2003, pagg. 4-10

Di conseguenza, è sempre opportuno sottoscrivere con l'ausiliario un **contratto di prestazione d'opera**, che integri anche i passaggi pertinenti della **catena di custodia**. Il contratto consente, oltre a cristallizzare le questioni relative al DdA nella semplice **riproduzione di oggetti inanimati**[29], di **registrare nel dettaglio le attività svolte** ai fini della verifica delle parti e di coinvolgere formalmente anche l'ausiliario nelle *responsabilità professionali*, pur nell'ambito della generale supervisione del perito. In margine, si osserva che il materiale realizzato nel corso di una siffatta prestazione d'opera - i negativi, le lastre, i dati relativi ad una elaborazione, etc. - *appartiene* (*latu sensu*) al **committente** e **non** all'ausiliario, che del resto deve essere inibito ad un suo qualsiasi utilizzo *personale* (si considerino anche le norme processuali).

Nel seguito, si riporta un **modello di contratto di prestazione d'opera**, da adattare con le indicazioni necessarie al caso specifico. Il modello di seguito proposto, prevede la maggior parte delle fattispecie comuni - sta al Lettore individuare le parti di suo interesse, tralasciando quelle che ritiene non necessarie ovvero aggiungerne altre utili al caso specifico. L'incarico in forma scritta ha - tra le altre - la ulteriore motivazione di *neutralizzare* ogni contestazione circa l'importo degli onorari e la gestione del materiale oggetto di accertamento.

Contratto di Prestazione d'Opera
per l'Ausiliario del Perito (o del C.T.U.)

Con la presente scrittura privata da valere ad ogni effetto di Legge tra : _____ nato a _____ (__) il _____ e studio in _____ Via _____ CF/P.IVA _____ di seguito denominato **Ausiliario**
e tra : _____ nato a _____ il _____,
con studio in _____ alla Via _____ CF/P.IVA

---

[29] Si deve a questo punto evidenziare il *bug* che si verifica quando si debbano riprendere *oggetti animati*, come ad esempio degli *animali*, che non sono più considerati dalla giurisprudenza come *beni mobili*.

_____ e di seguito denominato **Perito** si stipula e conviene quanto segue :

Art. 1 - Conferimento ed Oggetto dell'Incarico
Premesso che il Perito è stato nominato (C.T.U. - C.T.P.M. - Perito) nell'ambito del procedimento _____ ed è stato autorizzato[30] ad avvalersi di *ausiliari* per lo svolgimento dell'incarico,

il Perito conferisce (conferma) all'Ausiliario - che accetta - l'incarico di : _____ [*descrivere l'oggetto dell'incarico, con la massima precisione possibile, nel corpo della scrittura*]

L'Ausiliario dichiara di essere stato preliminarmente ed adeguatamente informato dal Perito sull'oggetto dell'incarico, nei limiti delle informazioni condivisibili nel procedimento, e di aver esposto al Perito stesso le modalità con le quali intende svolgerlo.

Art. 2 - Modalità di Svolgimento dell'Incarico
Il Perito conviene che l'Ausiliario si impegna a svolgere l'incarico prima descritto, con il grado di diligenza professionale normalmente richiesto e secondo le regole deontologiche e di buona tecnica correnti. Il rispetto della Legge e delle regole deontologiche sussiste anche quando possa limitare lo svolgimento dell'incarico.

In particolare, l'Ausiliario è vincolato al rispetto del segreto professionale e d'ufficio ed alla totale osservanza delle norme sulla riservatezza dei dati personali.

L'Ausiliario è tenuto a segnalare al Perito il presentarsi di problemi di natura tecnica o procedurale che richiedano un intervento valutativo di responsabilità del Perito, che oltrepassi cioè, esemplificativamente e non esaustivamente, l'attività *meccanicistica* dell'Ausiliario stesso, così come definita dalle Leggi.

Il Perito consegnerà all'Ausiliario il materiale oggetto di accertamento, secondo l'inventario dettagliato di cui all'**Allegato A**, che sottoscriverà per accettazione ed eventualmente per riconse-

---

[30]Il perito può avvalersi di ausiliari **anche senza l'autorizzazione del magistrato**, che è legata ad una eventuale *secretazione* del procedimento e comunque al riconoscimento della eventuale *richiesta di rimborso delle spese sostenute*; senza autorizzazione, tali spese non possono essere riconosciute.

gna qualora sia previsto l'affidamento del materiale per un tempo prolungato. La responsabilità della conservazione del materiale, nel tempo degli accertamenti richiesti all'Ausiliario, è a cura dello stesso, che ne risponde personalmente.

Al termine del proprio lavoro, l'Ausiliario riconsegnerà il materiale ricevuto al Perito, accompagnandolo - secondo il tipo di accertamento svolto - con una dettagliata relazione scritta o orale, secondo la lettera dell'incarico ricevuto, e di cui si darà conto nel verbale di operazioni peritali, e da tutta la documentazione prodotta (fotografie, negativi, files originari, output degli strumenti di analisi e quant'altro) che sono e rimangono nella disponibilità esclusiva del C.T.U.

L'Ausiliario è formalmente diffidato dall'utilizzare o divulgare in alcun modo, se non richiesto nei modi di Legge, quanto venuto in suo possesso e quanto prodotto nel corso del suo incarico.

[ulteriori modalità particolari di svolgimento dell'incarico]

Art. 3 Determinazione e Corresponsione del Compenso

L'Ausiliario, ribadito quanto già letto, compreso ed accettato agli Art. 1 e 2 della presente scrittura, ricevute dal Perito tutte le informazioni circa il grado di complessità dell'incarico ed avute tutte le notizie utili circa gli oneri ipotizzabili, pattuisce con il Perito, che accetta, il preventivo di compenso per la prestazione professionale, così complessivamente composto e determinato:

per lo svolgimento della attività professionale : _____ € , oltre IVA e CAP , per le spese computate a piè di lista : _____ per complessivi € _____ comprensivi di tutti gli oneri e spese.

Il preventivo dettagliato è riportato all'**Allegato B**. Qualora il preventivo dovesse variare per effetto, ad esempio ma non esclusivamente, di riformulazioni dell'incarico, modifica della situazione extra/giudiziale, incrementi delle imposte e degli oneri accessori, il compenso come sopra concordato dovrà essere rideterminato.

La somma di € ___ viene versata contestualmente alla sottoscrizione del presente contratto di prestazione d'opera, mentre il saldo verrà versato al completamento dell'incarico *[o altra scadenza da definire in accordo tra le parti]*.

In caso di rinuncia all'incarico ovvero di revoca dello stesso, il Perito dovrà corrispondere all'Ausiliario il compenso preventivato per tutta l'attività sino ad allora svolta.

I pagamenti vengono effettuati nel termine di giorni trenta dall'emissione della fattura, mediante bonifico sull'IBAN _____ .

Art. 5 responsabilità ed Obblighi dell'Ausiliario

Salvo il caso di dolo o colpa grave, la responsabilità dell'Ausiliario è limitata ad un massimo di € ___ (euro_____), coperta da idonea assicurazione per i rischi derivanti dall'esercizio della attività professionale con la compagnia _____ polizza n. _____ del ____ con massimale di € _____ (euro ____); l'assicurazione deve esplicitamente coprire i danni derivanti da danneggiamento, perdita o distruzione per qualunque causa dei materiali oggetto d'indagine Qualora il rischio contrattuale connesso all'incarico conferito dovesse superare il limite stabilito si dovrà negoziare una maggiore copertura.

L'Ausiliario è tenuto a :

fornire al Perito il dettagliato rendiconto della attività e sul suo stato di avanzamento;

restituire al Perito tutto il materiale consegnatogli, contestualmente o successivamente al conferimento dell'incarico.

Il Perito autorizza espressamente l'Ausiliario a rilasciare le informazioni indispensabili allo svolgimento delle operazioni nel procedimento ___ anche ai seguenti soggetti [*indispensabile nel penale*] che si impegnano sotto la responsabilità dell'Ausiliario al rispetto del segreto d'indagine:

1. _____
2. _____

Art. 6 - Obblighi del Perito

Il Perito si impegna a rilasciare (o a far rilasciare dal magistrato) all'Ausiliario eventuali autorizzazioni necessarie allo svolgimento dell'incarico.

Il Perito si assume ogni responsabilità circa la ricostruzione dei fatti rappresentati all'Ausiliario e di qualsiasi informazione fornita ai fini dello svolgimento dell'incarico; il Perito dovrà porre a disposizione dell'Ausiliario tutti i materiali necessari allo svolgimento dell'incarico, dettagliatamente elencati all'**All. A**, ovvero consentire l'accesso dell'ausiliario ove questi siano reperibili, con le autorizzazioni eventualmente necessarie secondo la normativa applicabile.

Art. 7 Altre norme non espressamente contemplate
Per quanto non espressamente convenuto nella presente scrittura privata, Perito e Ausiliario fanno espresso riferimento alle norme di Legge. Per ogni controversia si elegge a Foro competente quello ove è incardinato il procedimento, salve le diverse statuizioni di Legge.[31]

Gli allegati da **A** a ___ fanno parte integrante e vincolante del presente contratto.

Luogo, data, sottoscrizione delle parti.

Allegato A - inventario dettagliato del materiale oggetto di accertamento, con la indicazione delle operazioni richieste. Eventualmente comprende anche i verbali di consegna e di riconsegna.

Allegato B - Preventivo dettagliato, sottoscritto per accettazione dalle parti.

Una nota finale: le espressioni "*Ausiliario*", "*meccanicistico*" e connesse, riportate nel testo che precede, seguono le indicazioni della Legge (che risale al 1940 e dintorni, ricordate) e non implicano alcuna sottrazione o derisione delle capacità professionali dell'*Ausiliario* - servono tra l'altro ad evitare contestazioni sull'*effettivo lavoro* svolto dal Perito. Qualche riga prima s'è già fatto cenno alla discriminante tra Perito e Ausiliario, che non è tecnica, ma relativa alla possibilità di intervento critico nella risposta al quesito posto.

---

[31] Una controversia tra Perito ed Ausiliario, nell'ambito di un procedimento in corso presso uno specifico Foro va ovviamente e convenientemente aperto nello stesso luogo, salvo che la Legge imponga lo spostamento per motivi sempre connessi al pro-cedimento stesso.

IV

ALCUNI PROBLEMI CORRELATI

1. Sulla riproduzione da documenti archivistici

Nell'ambito di una *procedura giudiziaria*, non possono essere frapposti vincoli all'accesso al materiale archivistico, se non quelli derivanti dalle particolari condizioni di conservazione del materiale stesso, per vetustà, motivi di sicurezza o altro.

Non vi sono quindi particolari procedure o accorgimenti da elencare, oltre alla autorizzazione o l'ordine di accesso del Magistrato, se non ricordare ancora una volta come *l'educazione ed il rispetto siano il miglior biglietto da visita*. Si presume poi che il perito d'ufficio sia a conoscenza delle cure minime di accesso e manipolazione, e non si procede oltre.

Ai fini della LdA, si ricorda che il titolare del *diritto di riproduzione* del materiale conservato in **collezioni private** è, in generale, il *proprietario* delle stesse, che potrà richiedere una particolare *cura* ad evitare la diffusione oltre il rigido confine del *procedimento giudiziario*.

Diversa è la situazione per la *pubblicazione* - sempre a scopo didattico o scientifico, anche se non esclusivamente *mercantile* [32] - di riproduzioni di *materiale archivistico* (o in generale conservato nelle collezioni di proprietà statale o privata).

---

[32] La definizione dello *scopo di lucro* (anzi, la Legge usa l'espressione ben più manipolabile di *beneficio economico del destinatario*) è legata ad arbitrii e interpretazioni vessatorie; per alcune amministrazioni è ritenuto *lucro* il solo fatto che la *pubblicazione* sia *a pagamento*, sia pure a copertura delle spese di stampa o delle imposte.

La *proprietà privata*, come appena detto, è la titolare dei diritti sulle proprie collezioni ed è con questa che si debbono negoziare autorizzazioni all'accesso e all'utilizzo. In generale, una volta rassicurata la *proprietà* sull'uso che si vuol fare del suo archivio (sono da evitare, chiaramente, utilizzi contrari alla sua reputazione), la licenza d'uso *specifica* (per quel *determinato uso*, non *per omnia e in sempiterna saecula*) è fornita gratuitamente in cambio della *corretta citazione* dell'archivio e qualche copia della *pubblicazione* - e talvolta anche della *libertà di citazione* della stessa come pubblicità all'archivio.

Più complesso il caso degli **archivi pubblici**. L'accesso è fondamentalmente *libero*, in ossequio all'*art. 122 del Codice dei Beni Culturali e del Paesaggio*[33] - *I documenti conservati negli archivi di Stato e negli archivi storici delle regioni, degli altri enti pubblici territoriali nonché di ogni altro ente ed istituto pubblico sono liberamente consultabili*, salve le limitazioni relative ai fascicoli riservati e alla riservatezza dei dati personali; anche gli *archivi privati* dichiarati di *interesse culturale* seguono la stessa norma.

Una nota ordinativa: la *Legge Ronchey*[34] ha introdotto un modello di difesa (*sic*) dei *diritti economici* legati allo *sfruttamento* (*sic*) del patrimonio culturale italiano, in particolare delle *immagini* di questo. In sostanza, si doveva pagare un obolo per acquisire l'immagine[35] di un documento o di un *bene culturale* in genere - la prassi prevedeva la richiesta alla sovrintendenza competente, il pagamento secondo un *listino* unico nazionale, l'impegno a rispettare norme di *buona tecnica* nella manipolazione.

Con la introduzione del *Testo Unico dei Beni Culturali*[36] (*Berlusconi-Urbani*) si introduceva, in modifica della *Legge Ronchey*, una forma di *monetizzazione* (secondo i commentatori più critici) basata sulla *fram-*

---

[33] *Decreto Legislativo 22 gennaio 2004, n. 42* (successivamente modificato dai c.d. *decreti Franceschini*)

[34] *Legge n. 4 del 14 Gennaio 1993*

[35] La Legge insiste e persiste con il più rigido *fotografia*.

[36] *Decreto Legislativo 29 Ottobre 1999, n. 490*

mentazione della gestione economica tra le sovrintendenze e le strutture assimilabili, accompagnata dalla cessione della *gestione dello sfruttamento del patrimonio* a dei concessionari. Nella pratica ordinaria, ci si trovava quindi non più con un *listino* e un *modello di accesso* unico in tutta Italia, ma una pluralità di interlocutori (ognuno con metodi diversi) tra le varie sovrintendenze e dei *concessionari* delle immagini, che spesso interferivano pretendendo di voler gestire il rapporto con il ricercatore, ovviamente dal solo punto di vista *monetario*.

Il quadro cambia ulteriormente con il *Codice dei Beni Culturali* e con i successivi *decreti Franceschini*, in particolare con la variazione introdotta all'*art. 108* del Codice contenuta nella *Legge Annuale per il Mercato e la Concorrenza 2017*[37]. Secondo tale modifica, è ora consentito fotografare *senza autorizzazione preventiva* i documenti d'archivio o i volumi a stampa con *attrezzature proprie*, una volta ottenuto l'accesso legittimo al documento e sia assicurato il rispetto del DdA, e diffondere l'immagine su qualsiasi *piattaforma*, purché *non a scopo di lucro*.[38]

Resta l'ambiguità dell'espressione a *scopo di lucro neanche indiretto*, specie nell'attuale *interconnessione* delle piattaforme e delle informazioni. Ad esempio, se si *pubblica* una immagine ottenuta secondo tali presupposti, e la *pubblicazione* viene messa in vendita, in assenza di *corrispettivo monetario* all'autore ma con un evidente *pagamento* alla piattaforma per la stampa e/o la distribuzione (*latu sensu*) anche online e in

---

[37] Art. 171 della *Legge 4 Agosto 2017, n. 124 - Legge Annuale per il Mercato e la Concorrenza*

[38] La formulazione originale del *comma 3-bis* dell'*articolo 108* del *Codice dei Beni Culturali*, riteneva libere *le riproduzioni di beni culturali diversi dai beni bibliografici ed archivistici*. L'inciso era frutto di un emendamento nell'iter di conversione del Decreto, il numero 12.102 presentato dalla deputata Piccoli Nardelli (PD), approvato il *9 Luglio 2014* (con 420 voti contro 5) contro il parere del Governo e del Consiglio Superiore dei Beni Culturali. A ciò ha posto rimedio la *pezza* nella *legge concorrenza 2017* - cfr. Mirco Modolo su *Il Giornale dell'Arte* del Settembre 2014.

forma *digitale*, rendendo anche disponibile una *anteprima* - dove comincia lo *scopo di lucro, anche indiretto*, in questa lunga catena?[39]

Anche in virtù di queste ultime considerazioni è opportuno indicare in didascalia alle immagini ottenute da pubblici archivi, con le modalità suddette, il *nome dell'archivio* e il riferimento all'*art. 108 del Codice dei Beni Culturali*.

Su tutto questo si sovrappone la possibilità di accesso e di riproduzione di materiale archivistico (*latu sensu*) reso disponibile in *Internet*; già abbiamo fatto cenno alle *piattaforme volontarie* come *Wikipedia* (che ha la sezione *Wikimedia* deputata a tale scopo) ma anche numerose *biblioteche nazionali* (la già citata *Europeana*, ma anche la *BNF*, la *British Library*), archivi (...) istituzioni museali (il *Getty*, il *Metropolitan Museum of Art* di New York) e scientifiche (il *Max Planck*, il *MIT*).

Il materiale posto online da tali istituzioni è liberamente *scaricabile* e *riutilizzabile*, nella maggior parte dei casi secondo licenze di tipo *Creative Commons* (v. pag. 17) - in particolare per *uso non commerciale* (BY-NC) - se non del tipo CC0 (*Europeana*). La qualità è nella maggior parte dei casi *ottima*, sia per lo studio che per la *pubblicazione*.

Ancora una volta *va indicata l'origine della riproduzione*, anche nel caso della licenza CC0, oltre che per una chiara ottemperanza ai criteri generali della ricerca scientifica, anche per consentire ad *altri* di accedervi.

2. Sulla riproduzione degli *epistolari*

Più volte s'è ripetuto in questa sede del diritto alla *riservatezza*, e dell'equilibrio che deve stabilirsi tra tale diritto e le necessità scientifiche e di divulgazione. Non solo: oltre al diritto alla riservatezza, la Legge riconosce anche un *diritto all'oblio*, per fatti non recenti, sul quale può ancora una volta prevalere il *diritto della collettività* a essere informata e

---

[39] Ricordiamo che la sola presenza di annunci pubblicitari su una *pagina web* (sic) viene considerato *lucro*, dal nostro attento ed avido legislatore.

aggiornata sui fatti da cui dipende la *formazione delle proprie convinzioni*, anche se ciò comporta un *discredito* per il titolare di tali diritti.[40]

La LdA affronta due casi particolari del *diritto alla riservatezza* al Capo VI, *Diritti relativi alla corrispondenza epistolare ed al ritratto*.

La Sezione I, artt. 93-95, considera i *diritti relativi alla corrispondenza epistolare*, comprendendovi anche le *memorie familiari e personali*, intese *latu sensu*.

In sintesi: la LdA, vieta che le *corrispondenze epistolari*, gli *epistolari*, le *memorie familiari e personali* e gli *altri scritti della medesima natura*, purché abbiano *carattere confidenziale* o si riferiscano alla *intimità della vita privata*, possano essere pubblicati, riprodotti od in qualunque modo diffusi senza il consenso dell'*Autore* e - per le *corrispondenze* - del *Destinatario*. Deceduti *Autore* e/o il *Destinatario*, il consenso passa ai congiunti più vicini, *sino al quarto grado*; in caso di contrasti, decide l'Autorità Giudiziaria. L'eventuale espressione della volontà del *de cuius* deve essere rispettata in ogni caso.

Qualora il contenuto delle epistole o delle memorie sia necessario in un procedimento civile o penale, o per *esigenza di difesa dell'onore o della reputazione personale o familiare*, il consenso alla divulgazione non è richiesto.

Tutto ciò vale anche nel caso corrispondenze e memorie costituiscano *opere tutelabili dal DdA*, anche se superato il temine per cui cadono in *dominio pubblico*.

Sono esclusi dalla norma, gli *atti e corrispondenze ufficiali* o gli *atti e corrispondenze che presentano interesse di Stato*.

Precisiamo alcune questioni, alla luce della giurisprudenza. La *confidenzialità* - la caratteristica che ne impedisce la diffusione - non è valutabile dal *tema* trattato o dai *sentimenti* rivelati, ma *dalla confidenza dell'Autore nel riserbo e nella discrezione del Destinatario per raccontare notizie o manifestare opinioni e sensazioni*.[41]

---

[40] Cassazione, V Sez. Penale, sentenza n. 38747 del 3 Agosto 2017

[41] Tribunale di Milano, *13 Settembre 2004*.

Anche l'opinione espressa, nelle epistole, dall'Autore su *fatti storici e politici*, non intacca il principio di *confidenzialità* se sussiste un *rapporto affettivo e di fiducia* nel Destinatario, e l'Autore si confida nel *più assoluto riserbo*.[42]

Ci riferiamo, con la *giurisprudenza*, ai casi in cui la valutazione della pubblicazione sia stata demandata a un giudice, mancando o in contrasto l'autorizzazione dei congiunti.

Il consenso di Autore e Destinatario dovrà essere *congiunto*, non essendo sufficiente la *liberatoria* di uno solo di questi.[43]

Di converso, se mancano i requisiti di *confidenzialità* - del resto assai ampi - l'epistolario non è oggetto della tutela della LdA. Va evidenziato che il titolare del DdA su una missiva che **non** abbia il *carattere della creatività*, è *colui che l'ha scritta* (l'Autore) e non il Destinatario, ovvero chi ha il possesso materiale della stessa.

Una *causa celebre* sul tema degli epistolari, ancora recente[44], è quella che riguardava la pubblicazione delle lettere tra Italo Calvino ed Elsa de' Giorgi, deciso dal *Tribunale di Milano* con l'ordinanza inibitoria del *9 Settembre 2004*.

Veniva qui infatti inibita, in via cautelare, la pubblicazione *post mortem* senza il consenso degli aventi diritto, della corrispondenza tra i due artisti, proprio per la *confidenza* dell'Autore nel riserbo e nella discrezione del Destinatario, rimanendo irrilevanti all'accertamento della *confidenzialità* dello scritto il tema affrontato o i sentimenti manifestati, e ciò anche in presenza di *profili attinenti alla produzione letteraria ed artistica dello scrittore*.

In margine all'inibitoria, relativa alla *prosecuzione* della pubblicazione online dell'epistolario, il Tribunale osservava che la tolleranza di

---

[42] Tribunale di Bergamo, *19 Settembre 2002*, decidendo sulla pubblicazione di alcune lettere (ben 152) inviate da *papa Roncalli* ai familiari.

[43] Tribunale di Milano, *5 Marzo 1998*

[44] Per chi vuole approfondire, segnalo, oltre al caso delle lettere di *papa Giovanni XXIII*, i casi delle lettere di *Luigi Pirandello, Federico Fellini, Claretta Petacci*, quelle di *Giacomo Puccini*.

precedenti violazioni non è idonea a *determinare alcuna forma di esaurimento del diritto alla riservatezza dell'epistolario garantito dall'art. 93 LdA.* - l'aver iniziato la pubblicazione dell'epistolario (ovvero se l'epistolario è già parzialmente *pubblico* - le lettere di *Puccini*) non fornisce alcun diritto alla pubblicazione del resto.

L'utilizzo di un *epistolario* o di parti di questo (fossero anche alcune righe, alcuni disegni, o ancora di alcune notizie estrapolate[45]) richiede non poche cautele.

La Legge fornisce l'esimente all'uso del contenuto delle epistole o delle memorie quando questo sia sia *necessario* in un *procedimento civile o penale*, ovvero per *esigenza di difesa dell'onore o della reputazione personale o familiare*. Ad esempio, una lettera del *vero colpevole*, nella quale si confessa l'*orribile delitto* è certamente divulgabile senza autorizzazione degli aventi diritto, trattandosi di *ridare l'onore* al *falso colpevole*.

Molto più complessa la divulgazione di informazioni riportate nella *fiducia* del *più assoluto riserbo* del Destinatario, se queste non abbiano chiari effetti giudiziari, ma siano utili "solamente" ai fini della *verità storica* o del *progresso delle scienze*. Un ricorso in volontaria giurisdizione per la *liberazione* dei contenuti è arduo, per quanto è stato accennato nelle righe che precedono, e una *apertura parziale* potrebbe essere insufficiente dal punto di vista scientifico, se non addirittura *inutile* per la negazione alla *possibilità di verifica* da parte di terzi.

Resta, ancora, la via della *negoziazione* con gli aventi diritto ovvero dell'accettazione di una *vista parziale* con quanto ne consegue. Il tutto, comunque, è funzione del tipo di informazione che si vuol pubblicare; la notizia di una *patologia* può avere sia risvolti di *chiara utilità scientifica* (tracciare una malattia ereditaria) che di *imbarazzo* (l'aver contratto una malattia venerea). In questi ultimi casi può bastare una *trascrizione* del testo, affidata a un *terzo fidato* che provvederà ad *oscurare* i passaggi confidenziali, mentre per un *esame della scrittura*, sia dal punto di vista *grafologico* che *documentoscopico* sarà necessario l'*originale*.

---

[45] Estrarre una informazione da una *fonte non accessibile* è però contro ogni *buona pratica* di ricerca.

V

NORMATIVA E GIURISPRUDENZA

In questa sezione vengono riportati, in estratto, alcuni strumenti normativi e giurisprudenziali citati nel corso del volume, per facilitarne l'immediata lettura e consultazione. Per i testi integrali si faccia riferimento alla bibliografia o alle *risorse online*.

INDICE DELLA SEZIONE

Codice Civile *[estratto]*. . . . . . pag. 64
Legge sul Diritto d'Autore *[estratto]*. . . . pag. 67
Linee Guida per la Protezione dei Dati Personali
da parte di Periti, Consulenti Tecnici . . pag. 85
Codice dei Beni Culturali e del Paesaggio . . . pag. 92

Giurisprudenza . . . . . pag. 97

Disposizioni per il Giuramento
delle Perizie (Tribunale di Roma) . . . . pag. 100
Linee Guida per la redazione degli atti e dei
provvedimenti in maniera chiara e sintetica . . pag. 102

Normativa

Codice Civile

Libro Quinto
Del Lavoro

Titolo IX
Dei diritti sulle opere dell'ingegno e sulle invenzioni industriali

Capo I
Del diritto di autore sulle opere dell'ingegno letterarie e artistiche

Art. 2575
Oggetto del diritto
Formano oggetto del diritto di autore le opere dell'ingegno di carattere creativo che appartengono alle scienze, alla letteratura, alla musica, alle arti figurative, all'architettura, al teatro e alla cinematografia qualunque ne sia il modo o la forma di espressione.

Art. 2576
Acquisto del diritto
Il titolo originario dell'acquisto del diritto di autore è costituito dalla creazione dell'opera, quale particolare espressione del lavoro intellettuale.

Art. 2577
Contenuto del diritto
L'autore ha il diritto esclusivo di pubblicare l'opera e di utilizzarla economicamente in ogni forma e modo, nei limiti e per gli effetti fissati dalla legge.
L'autore, anche dopo la cessione dei diritti previsti dal comma precedente, può rivendicare la paternità dell'opera e può opporsi a qualsiasi deformazione, mutilazione o altra modificazione dell'opera stessa, che possa essere di pregiudizio al suo onore o alla sua reputazione.

Art. 2578
Progetti di lavori
All'autore di progetti di lavori di ingegneria o di altri lavori analoghi che costituiscono soluzioni originali di problemi tecnici, compete oltre il diritto esclusivo di riproduzione dei piani e disegni dei progetti medesimi, il diritto di ottenere un equo compenso da coloro che eseguono il progetto tecnico a scopo di lucro senza il suo consenso.

Art. 2579
Interpreti ed esecutori
Agli artisti, attori o interpreti di opere o composizioni drammatiche o letterarie, e agli artisti esecutori di opere o composizioni musicali, anche se le opere o composizioni sovraindicate sono in dominio pubblico, compete, nei limiti, per gli effetti e con le modalità fissati dalle leggi speciali, indipendentemente dall'eventuale retribuzione loro spettante per la recitazione, rappresentazione od esecuzione, il diritto ad un equo compenso nei confronti di chiunque diffonda o trasmetta per radio, telefono od altro apparecchio equivalente, ovvero incida, registri o comunque riproduca su dischi fonografici, pellicola cinematografica od altro apparecchio equivalente la suddetta recitazione, rappresentazione od esecuzione.
Gli artisti attori od interpreti e gli artisti esecutori hanno diritto di opporsi alla diffusione, trasmissione o riproduzione della loro recitazio-

ne, rappresentazione od esecuzione che possa essere di pregiudizio al loro onore o alla loro reputazione.

Art. 2580
Soggetti del diritto
Il diritto di autore spetta all'autore ed ai suoi aventi causa nei limiti e per gli effetti fissati dalle leggi speciali.

Art. 2581
Trasferimento dei diritti di utilizzazione
I diritti di utilizzazione sono trasferibili.
Il trasferimento per atto tra vivi deve essere provato per iscritto.

Art. 2582
Ritiro dell'opera dal commercio
L'autore, qualora concorrano gravi ragioni morali, ha diritto di ritirare l'opera dal commercio, salvo l'obbligo d'indennizzare coloro che hanno acquistato i diritti di riprodurre, diffondere, eseguire, rappresentare o mettere in commercio l'opera medesima.
Questo diritto è personale e intrasmissibile.

Art. 2583
Leggi speciali
L'esercizio dei diritti contemplati in questo capo e la loro durata sono regolati dalle leggi speciali.

LEGGE 22 APRILE 1941, N. 633
PROTEZIONE DEL DIRITTO D'AUTORE E DI ALTRI DIRITTI CONNESSI AL SUO ESERCIZIO
[Testo consolidato al Febbraio 2016]

Titolo I
Disposizioni sul diritto di autore

Capo I - Opere protette

Art. 1
Sono protette ai sensi di questa legge le opere dell'ingegno di carattere creativo che appartengono alla letteratura, alla musica, alle arti figurative, all'architettura, al teatro ed alla cinematografia, qualunque ne sia il modo o la forma di espressione.
Sono altresì protetti i programmi per elaboratore come opere letterarie ai sensi della convenzione di Berna sulla protezione delle opere letterarie ed artistiche ratificata e resa esecutiva con legge 20 giugno 1978, n. 399, nonché le banche di dati che per la scelta o la disposizione del materiale costituiscono una creazione intellettuale dell'autore.

Art. 2
In particolare sono comprese nella protezione:
1) le opere letterarie, drammatiche, scientifiche, didattiche, religiose, tanto se in forma scritta quanto se orale;
2) le opere e le composizioni musicali, con o senza parole, le opere drammatico-musicali e le variazioni musicali costituenti di per sé opera originale;
3) le opere coreografiche e pantomimiche, delle quali sia fissata la traccia per iscritto o altrimenti;
4) le opere della scultura, della pittura, dell'arte del disegno, della incisione e delle arti figurative similari, compresa la scenografia;
5) i disegni e le opere dell'architettura;
6) le opere dell'arte cinematografica, muta o sonora, sempreché non si

tratti di semplice documentazione protetta ai sensi delle norme del Capo V del Titolo II;
7) le opere fotografiche e quelle espresse con procedimento analogo a quello della fotografia sempre che non si tratti di semplice fotografia protetta ai sensi delle norme del Capo V del Titolo II;
8) i programmi per elaboratore, in qualsiasi forma espressi purché originali quale risultato di creazione intellettuale dell'autore. Restano esclusi dalla tutela accordata dalla presente legge le idee e i principi che stanno alla base di qualsiasi elemento di un programma, compresi quelli alla base delle sue interfacce. Il termine programma comprende anche il materiale preparatorio per la progettazione del programma stesso.
9) le banche di dati di cui al secondo comma dell'articolo 1, intese come raccolte di opere, dati o altri elementi indipendenti sistematicamente o metodicamente disposti ed individualmente accessibili mediante mezzi elettronici o in altro modo. La tutela delle banche di dati non si estende al loro contenuto e lascia impregiudicati diritti esistenti su tale contenuto.
10) Le opere del disegno industriale che presentino di per sé carattere creativo e valore artistico.

Art. 3
Le opere collettive, costituite dalla riunione di opere o di parti di opere, che hanno carattere di creazione autonoma, come risultato della scelta e del coordinamento ad un determinato fine letterario, scientifico didattico, religioso, politico od artistico, quali le enciclopedie, i dizionari, le antologie, le riviste e i giornali sono protette come opere originali, indipendentemente e senza pregiudizio dei diritti di autore sulle opere o sulle parti di opere di cui sono composte.

Art. 4
Senza pregiudizio dei diritti esistenti sull'opera originaria, sono altresì protette le elaborazioni di carattere creativo dell'opera stessa, quali le traduzioni in altra lingua, le trasformazioni da una in altra forma letteraria od artistica , le modificazioni ed aggiunte che costituiscono un rifacimento sostanziale dell'opera originaria, gli adattamenti, le riduzioni, i compendi, le variazioni non costituenti opera originale.

Art. 5
Le disposizioni di questa legge non si applicano ai testi degli atti ufficiali dello stato e delle amministrazioni pubbliche, sia italiane che straniere.

Capo II - Soggetti del diritto

Art. 6
Il titolo originario dell'acquisto del diritto di autore è costituito dalla creazione dell'opera, quale particolare espressione del lavoro intellettuale.

Art. 7
È considerato autore dell'opera collettiva chi organizza e dirige la creazione dell'opera stessa.
È considerato autore delle elaborazioni l'elaboratore, nei limiti del suo lavoro.

Art. 8
È reputato autore dell'opera, salvo prova contraria chi è in essa indicato come tale, nelle forme d'uso, ovvero è annunciato come tale, nella recitazione, esecuzione, rappresentazione e radiodiffusione dell'opera stessa.
Valgono come nome lo pseudonimo, il nome d'arte, la sigla o il segno convenzionale, che siano notoriamente conosciuti come equivalenti al nome vero.

Art. 9
Chi abbia rappresentato, eseguito o comunque pubblicato un'opera anonima o pseudonima è ammesso a far valere i diritti dell'autore, finché questi non si sia rivelato.
Questa disposizione non si applica allorché si tratti degli pseudonimi indicati nel secondo comma dell'articolo precedente.

Art. 10
Se l'opera è stata creata con il contributo indistinguibile ed inscindibile di più persone, il diritto di autore appartiene in comune a tutti i coautori.

Le parti indivise si presumono di valore uguale, salvo la prova per iscritto di diverso accordo.
Sono applicabili le disposizioni che regolano la comunione. La difesa del diritto morale può peraltro essere sempre esercitata individualmente da ciascun coautore e l'opera non può essere pubblicata, se inedita, né può essere modificata o utilizzata in forma diversa da quella della prima pubblicazione, senza l'accordo di tutti i coautori. Tuttavia, in caso di ingiustificato rifiuto di uno o più coautori, la pubblicazione, la modificazione o la nuova utilizzazione dell'opera può essere autorizzata dall'autorità giudiziaria, alle condizioni e con le modalità da essa stabilite.

Art. 11
Alle amministrazioni dello stato, alle provincie ed ai comuni spetta il diritto di autore sulle opere create e pubblicate sotto il loro nome ed a loro conto e spese.
Lo stesso diritto spetta agli enti privati che non perseguano scopi di lucro, salvo diverso accordo con gli autori delle opere pubblicate, nonché alle accademie e agli altri enti pubblici culturali sulla raccolta dei loro atti e sulle loro pubblicazioni.

Capo III - Contenuto e durata del diritto di autore

Sezione I - Protezione della utilizzazione economica dell'opera

Art. 12
L'autore ha il diritto esclusivo di pubblicare l'opera.
Ha altresì il diritto esclusivo di utilizzare economicamente l'opera in ogni forma e modo, originale o derivato, nei limiti fissati da questa legge, ed in particolare con l'esercizio dei diritti esclusivi indicati negli articoli seguenti.
È considerata come prima pubblicazione la prima forma di esercizio del diritto di utilizzazione.

Art. 12-bis
Salvo patto contrario, il datore di lavoro è titolare del diritto esclusivo di utilizzazione economica del programma per elaboratore o della ban-

ca di dati creati dal lavoratore dipendente nell'esecuzione delle sue mansioni o su istruzioni impartite dallo stesso datore di lavoro.

Art. 12-ter
Salvo patto contrario, qualora un'opera di disegno industriale sia creata dal lavoratore dipendente nell'esercizio delle sue mansioni, il datore di lavoro è titolare dei diritti esclusivi di utilizzazione economica dell'opera.

Art. 13
Il diritto esclusivo di riprodurre ha per oggetto la moltiplicazione in copie diretta o indiretta, temporanea o permanente, in tutto o in parte dell'opera, in qualunque modo o forma, come la copiatura a mano, la stampa, la litografia, l'incisione, la fotografia, la fonografia, la cinematografia ed ogni altro procedimento di riproduzione.

Art. 14
Il diritto esclusivo di trascrivere ha per oggetto l'uso dei mezzi atti a trasformare l'opera orale in opera scritta o riprodotta con uno dei mezzi indicati nell'articolo precedente.

Art. 15
[omesso]
Art. 15-bis
[omesso]
Art. 16
[omesso]

Art. 17
1. Il diritto esclusivo di distribuzione ha per oggetto la messa in commercio o in circolazione, o comunque a disposizione, del pubblico, con qualsiasi mezzo ed a qualsiasi titolo, dell'originale dell'opera o degli esemplari di essa e comprende, altresì, il diritto esclusivo di introdurre nel territorio degli Stati della Comunità europea, a fini di distribuzione, le riproduzioni fatte negli stati extracomunitari.
2. Il diritto di distribuzione dell'originale o di copie dell'opera non si esaurisce nella Comunità europea, se non nel caso in cui la prima ven-

dita o il primo atto di trasferimento della proprietà nella Comunità sia effettuato dal titolare del diritto o con il suo consenso.
3. Quanto disposto dal comma 2 non si applica alla messa a disposizione del pubblico di opere in modo che ciascuno possa avervi accesso dal luogo e nel momento scelti individualmente, anche nel caso in cui sia consentita la realizzazione di copie dell'opera.
4. Ai fini dell'esaurimento di cui al comma 2, non costituisce esercizio del diritto esclusivo di distribuzione la consegna gratuita di esemplari delle opere, effettuata o consentita dal titolare a fini promozionali, ovvero di insegnamento o di ricerca scientifica.

Art. 18
Il diritto esclusivo di tradurre ha per oggetto la traduzione dell'opera in altra lingua o dialetto. Il diritto esclusivo di elaborare comprende tutte le forme di modificazione, di elaborazione e di trasformazione dell'opera previste nell'art. 4.
L'autore ha altresì il diritto esclusivo di pubblicare le sue opere in raccolta.
Ha infine il diritto esclusivo di introdurre nell'opera qualsiasi modificazione.

Art. 18-bis
[omesso]

Art. 19
I diritti esclusivi previsti dagli articoli precedenti sono fra loro indipendenti. L'esercizio di uno di essi non esclude l'esercizio esclusivo di ciascuno degli altri diritti.
Essi hanno per oggetto l'opera nel suo insieme ed in ciascuna delle sue parti.

Sezione II - Protezione dei diritti sull'opera a difesa della personalità dell'autore. Diritto morale dell'autore

Art. 20
Indipendentemente dai diritti esclusivi di utilizzazione economica della opera, previsti nelle disposizioni della sezione precedente, ed anche

dopo la cessione dei diritti stessi, l'autore conserva il diritto di rivendicare la paternità dell'opera e di opporsi a qualsiasi deformazione, mutilazione od altra modificazione, ed a ogni atto a danno dell'opera stessa, che possano essere di pregiudizio al suo onore o alla sua reputazione.
Tuttavia nelle opere dell'architettura l'autore non può opporsi alle modificazioni che si rendessero necessarie nel corso della realizzazione. Del pari non potrà opporsi a quelle altre modificazioni che si rendesse necessario apportare all'opera già realizzata. Però se l'opera sia riconosciuta dalla competente autorità statale importante carattere artistico spetteranno all'autore lo studio e l'attuazione di tali modificazioni.

Art. 21
L'autore di un'opera anonima o pseudonima ha sempre il diritto di rivelarsi e di far riconoscere in giudizio la sua qualità di autore.
Nonostante qualunque precedente patto contrario, gli aventi causa dell'autore che si sia rivelato ne dovranno indicare il nome nelle pubblicazioni, riproduzioni, trascrizioni, esecuzioni, rappresentazioni, recitazioni e diffusioni o in qualsiasi altra forma di manifestazione o annuncio al pubblico.

Art. 22
I diritti indicati nei precedenti articoli sono inalienabili.
Tuttavia l'autore che abbia conosciute ed accettate le modificazioni della propria opera non è più ammesso ad agire per impedirne l'esecuzione o per chiederne la soppressione.

Art. 23
Dopo la morte dell'autore il diritto previsto nell'art. 20 può essere fatto valere, senza limite di tempo, dal coniuge e dai figli e, in loro mancanza, dai genitori e dagli altri ascendenti e da discendenti diretti; mancando gli ascendenti ed i discendenti, dai fratelli e dalle sorelle e dai loro discendenti.
L'azione, qualora finalità pubbliche lo esigano, può altresì essere esercitata dal Presidente del Consiglio dei Ministri, sentita l'associazione sindacale competente.

Art. 24
Il diritto di pubblicare le opere inedite spetta agli eredi dell'autore o ai legatari delle opere stesse, salvo che l'autore abbia espressamente vietata la pubblicazione o l'abbia affidata ad altri.
Qualora l'autore abbia fissato un termine per la pubblicazione, le opere inedite non possono essere pubblicate prima della sua scadenza.
Quando le persone indicate nel primo comma siano più e vi sia tra loro dissenso, decide l'autorità giudiziaria, sentito il pubblico ministero.
È rispettata, in ogni caso, la volontà del defunto, quando risulti da scritto. Sono applicabili a queste opere le disposizioni contenute nella Sezione II del Capo II del Titolo III.

Sezione III - Durata dei diritti di utilizzazione economica dell'opera

Art. 25
I diritti di utilizzazione economica dell'opera durano tutta la vita dell'autore e sino al termine del settantesimo anno solare dopo la sua morte.

Art. 26
Nelle opere indicate nell'art. 10, nonché in quelle drammatico-musicali, coreografiche e pantomimiche, la durata dei diritti, utilizzazione economica spettanti a ciascuno dei coadiutori o dei collaboratori si determina sulla vita del coautore che muore per ultimo.
Nelle opere collettive la durata dei diritti di utilizzazione economica spettante ad ogni collaboratore si determina sulla vita di ciascuno. La durata dei diritti di utilizzazione economica dell'opera come un tutto è di settant'anni dalla prima pubblicazione, qualunque sia la forma nella quale la pubblicazione è stata effettuata, salve le disposizioni dell'art. 30 per le riviste, i giornali e le altre opere periodiche.

Art. 27
Nelle opere anonime o pseudonime, fuori del caso previsto nel capoverso dell'art. 8, la durata dei diritti di utilizzazione economica è di settant'anni a partire dalla prima pubblicazione, qualunque sia la forma nella quale essa è stata effettuata.

Se prima della scadenza di detto termine l'autore si è rivelato o la rivelazione è fatta dalle persone indicate dall'art. 23 o da persone autorizzate dall'autore, nelle forme stabilite dall'articolo seguente, si applica il termine di durata determinato nell'art. 25.

Art. 28
Per acquistare il beneficio della durata normale dei diritti esclusivi di utilizzazione economica, la rivelazione deve essere fatta mediante denuncia all'ufficio della proprietà letteraria, scientifica ed artistica presso il ministero presso la Presidenza del Consiglio dei Ministri, secondo le disposizioni stabilite nel regolamento.

La denuncia di rivelazione è pubblicata nelle forme stabilite da dette disposizioni ed ha effetto a partire dalla data del deposito della denuncia di fronte ai terzi che abbiano acquistati diritti sull'opera come anonima o pseudonima.

Art. 29
La durata dei diritti esclusivi di utilizzazione economica spettanti, a termini dell'art. 11, alle amministrazioni dello Stato, al Partito Nazionale Fascista, alle provincie, ai comuni, alle Accademie, agli enti pubblici culturali nonché agli enti privati che non perseguano scopi di lucro, è di vent'anni a partire dalla prima pubblicazione, qualunque sia la forma nella quale la pubblicazione è stata effettuata. Per le comunicazioni e le memorie pubblicate dalle accademie e dagli altri enti pubblici culturali tale durata è ridotta a due anni; trascorsi i quali, l'autore riprende integralmente la libera disponibilità dei suoi scritti.

Art. 30
Quando le parti o i volumi di una stessa opera siano pubblicati separatamente, in tempi diversi, la durata dei diritti di utilizzazione economica, che sia fissata ad anni, decorre per ciascuna parte o per ciascun volume dall'anno della pubblicazione. Le frazioni di anno giovano all'autore.

Se si tratta di opera collettiva periodica, quale la rivista o il giornale, la durata dei diritti è calcolata egualmente a partire dalla fine di ogni anno dalla pubblicazione dei singoli fascicoli o numeri.

Art. 31
Nelle opere pubblicate per la prima volta dopo la morte dell'autore, che non ricadono nella previsione dell'articolo 85-ter, la durata dei diritti esclusivi di utilizzazione economica è di settant'anni a partire dalla morte dell'autore.

Art. 32
[omesso]

Art. 32-bis
I diritti di utilizzazione economica dell'opera fotografica durano sino al settantesimo anno dopo la morte dell'autore.

Art. 32-ter
I termini finali di durata dei diritti di utilizzazione economica previsti dalle disposizioni della presente sezione si computano, nei rispettivi casi, a decorrere dal 1° gennaio dell'anno successivo a quello in cui si verifica la morte dell'autore o altro evento considerato dalla norma.

CAPO IV - Norme particolari ai diritti di utilizzazione economica per talune categorie di opere

Sezione I - Opere drammatico-musicali, composizioni musicali con parole, opere coreografiche e pantomimiche

Sezione II - Opere collettive, riviste e giornali

Sezione III - Opere cinematografiche

Sezione IV - Opere radiodiffuse

Sezione V - Opere registrate su supporti

Sezione VI - Programmi per elaboratore

Sezione VII - Banche di dati

Capo V - Eccezioni e limitazioni

Sezione I - Reprografia ed altre eccezioni e limitazioni

Art. 65

1. Gli articoli di attualità di carattere economico, politico o religioso, pubblicati nelle riviste o nei giornali, oppure radiodiffusi o messi a disposizione del pubblico, e gli altri materiali dello stesso carattere possono essere liberamente riprodotti o comunicati al pubblico in altre riviste o giornali, anche radiotelevisivi, se la riproduzione o l'utilizzazione non è stata espressamente riservata, purché si indichino la fonte da cui sono tratti, la data e il nome dell'autore, se riportato.
2. La riproduzione o comunicazione al pubblico di opere o materiali protetti utilizzati in occasione di avvenimenti di attualità è consentita ai fini dell'esercizio del diritto di cronaca e nei limiti dello scopo informativo, sempre che si indichi, salvo caso di impossibilità, la fonte, incluso il nome dell'autore, se riportato.

Art. 66

1. I discorsi su argomenti di interesse politico o amministrativo tenuti in pubbliche assemblee o comunque in pubblico, nonché gli estratti di conferenze aperte al pubblico, possono essere liberamente riprodotti o comunicati al pubblico, nei limiti giustificati dallo scopo informativo, nelle riviste o nei giornali anche radiotelevisivi o telematici, purché indichino la fonte, il nome dell'autore, la data e il luogo in cui il discorso fu tenuto.

Art. 67

1. Opere o brani di opere possono essere riprodotti a fini di pubblica sicurezza, nelle procedure parlamentari, giudiziarie o amministrative, purché si indichino la fonte e, ove possibile, il nome dell'autore.[46]

---

[46] Il presente articolo è stato così sostituito dall'art. 9 , D.Lgs. 09.04.2003, n. 68, che ha sostituito l'intero capo V, con decorrenza dal 29.04.2003. Si riporta di seguito il testo previgente: *Opere o brani di opere possono essere riprodotti nelle procedure giudiziarie od amministrative ai fini del giudizio, purché si indichino la fonte o il nome dell'autore.*

Art. 68

1. È libera la riproduzione di singole opere o brani di opere per uso personale dei lettori, fatta a mano o con mezzi di riproduzione non idonei a spaccio o diffusione dell'opera nel pubblico.

2. È libera la fotocopia di opere esistenti nelle biblioteche accessibili al pubblico o in quelle scolastiche, nei musei pubblici o negli archivi pubblici, effettuata dai predetti organismi per i propri servizi, senza alcun vantaggio economico o commerciale diretto o indiretto.

3. Fermo restando il divieto di riproduzione di spartiti e partiture musicali, è consentita, nei limiti del quindici per cento di ciascun volume o fascicolo di periodico, escluse le pagine di pubblicità, la riproduzione per uso personale di opere dell'ingegno effettuata mediante fotocopia, xerocopia o sistema analogo.

4. I responsabili dei punti o centri di riproduzione, i quali utilizzino nel proprio ambito o mettano a disposizione di terzi, anche gratuitamente, apparecchi per fotocopia, xerocopia o analogo sistema di riproduzione, devono corrispondere un compenso agli autori ed agli editori delle opere dell'ingegno pubblicate per le stampe che, mediante tali apparecchi, vengono riprodotte per gli usi previsti nel comma 3. La misura di detto compenso e le modalità per la riscossione e la ripartizione sono determinate secondo i criteri posti all'art. 181-ter della presente legge. Salvo diverso accordo tra la SIAE e le associazione delle categorie interessate, tale compenso non può essere inferiore per ciascuna pagina riprodotta al prezzo medio a pagina rilevato annualmente dall'ISTAT per i libri.

5. Le riproduzioni per uso personale delle opere esistenti nelle biblioteche pubbliche, fatte all'interno delle stesse con i mezzi di cui al comma 3, possono essere effettuate liberamente nei limiti stabiliti dal medesimo comma 3 con corresponsione di un compenso in forma forfetaria a favore degli aventi diritto di cui al comma 2 dell'articolo 181-ter, determinato ai sensi del secondo periodo del comma 1 del medesimo articolo 181-ter. Tale compenso è versato direttamente ogni anno dalle biblioteche, nei limiti degli introiti riscossi per il servizio, senza oneri aggiuntivi a carico del bilancio dello Stato o degli enti dai quali le biblioteche dipendono. I limiti di cui al comma 3 non si applicano alle opere fuori dai cataloghi editoriali e rare in quanto di difficile reperibilità sul mercato.

6. È vietato lo spaccio al pubblico delle copie di cui ai commi precedenti e, in genere, ogni utilizzazione in concorrenza con i diritti di utilizzazione economica spettanti all'autore.

[omesso]

Sezione II - Riproduzione privata ad uso personale

Sezione III - Disposizioni comuni

Titolo II - Disposizioni sui diritti connessi all'esercizio del diritto di autore

Capo I - Diritti del produttore di fonogrammi

Capo I-bis - Diritti dei produttori di opere cinematografiche o audiovisive o sequenze di immagini in movimento

Capo II - Diritti relativi all'emissione radiofonica e televisiva

Capo III - Diritti degli artisti interpreti e degli artisti esecutori

Capo III-bis - Diritti relativi ad opere pubblicate o comunicate al pubblico per la prima volta successivamente alla estinzione dei diritti patrimoniali d'autore

Art. 85-ter
1. Senza pregiudizio dei diritti morali dell'autore, a chi, dopo la scadenza dei termini di protezione del diritto d'autore, lecitamente pubblica o comunica al pubblico per la prima volta un'opera non pubblicata anteriormente spettano i diritti di utilizzazione economica riconosciuti dalle disposizioni contenute nella Sezione I del Capo III, del Titolo I della presente legge, in quanto applicabili.
2. La durata dei diritti esclusivi di utilizzazione economica di cui al comma 1 è di venticinque anni a partire dalla prima lecita pubblicazione o comunicazione al pubblico.

Capo III-ter - Diritti relativi ad edizioni critiche e scientifiche di opere di pubblico dominio

Art. 85-quater
1. Senza pregiudizio dei diritti morali dell'autore, a colui il quale pubblica, in qualunque modo o con qualsiasi mezzo, edizioni critiche e scientifiche di opere di pubblico dominio spettano i diritti esclusivi di utilizzazione economica dell'opera, quale risulta dall'attività di revisione critica e scientifica.
2. Fermi restando i rapporti contrattuali con il titolare del diritti di utilizzazione economica di cui al comma 1, spetta al curatore della edizione critica e scientifica il diritto alla indicazione del nome.
3. La durata dei diritti esclusivi di cui al comma 1 è di venti anni a partire dalla prima lecita pubblicazione, in qualunque modo o con qualsiasi mezzo effettuata.

Art. 85-quinquies
I termini finali di durata del diritti previsti dal Capi I, I-bis, II, III, III-bis, e dal presente capo del Titolo II si computano, nei rispettivi casi, a decorrere dal 1 gennaio dell'anno successivo a quello in cui si verifica l'evento considerato dalla norma.

Capo IV - Diritti relativi a bozzetti di scene teatrali

Capo V - Diritti relativi alle fotografie

Art. 87
Sono considerate fotografie ai fini dell'applicazione delle disposizioni di questo capo le immagini di persone o di aspetti, elementi o fatti della vita naturale e sociale, ottenute col processo fotografico o con processo analogo, comprese le riproduzioni di opere dell'arte figurativa e i fotogrammi delle pellicole cinematografiche.
Non sono comprese le fotografie di scritti, documenti, carte di affari, oggetti materiali, disegni tecnici e prodotti simili.

Art. 88
Spetta al fotografo il diritto esclusivo di riproduzione, diffusione e spaccio della fotografia, salve le disposizioni stabilite dalla Sezione II del Capo VI di questo titolo, per ciò che riguarda il ritratto e senza pregiudizio, riguardo alle fotografie riproducenti opere dell'arte figurativa, dei diritti di autore sull'opera riprodotta.
Tuttavia se l'opera è stata ottenuta nel corso e nell'adempimento di un contratto di impiego o di lavoro, entro i limiti dell'oggetto e delle finalità del contratto, il diritto esclusivo compete al datore di lavoro.
La stessa norma si applica, salvo patto contrario a favore del committente quando si tratti di fotografia di cose in possesso del committente medesimo e salvo pagamento a favore del fotografo, da parte di chi utilizza commercialmente la riproduzione, di un equo corrispettivo.
Il Ministro per i beni e le attività culturali con le norme stabilite dal regolamento, può fissare apposite tariffe per determinare il compenso dovuto da chi utilizza la fotografia.

Art. 89
La cessione del negativo o di analogo mezzo di riproduzione della fotografia comprende, salvo patto contrario, la cessione dei diritti previsti all'articolo precedente, sempreché tali diritti spettino al cedente.

Art. 90
Gli esemplari della fotografia devono portare le seguenti indicazioni:
1) il nome del fotografo, o, nel caso previsto nel primo capoverso dell'art. 88, della ditta da cui il fotografo dipende o del committente;
2) la data dell'anno di produzione della fotografia;
3) il nome dell'autore dell'opera d'arte fotografata.
Qualora gli esemplari non portino le suddette indicazioni, la loro riproduzione non è considerata abusiva e non sono dovuti i compensi indicati agli articoli 91 e 98, a meno che il fotografo non provi la malafede del riproduttore.

Art. 91
La riproduzione di fotografie nelle antologie ad uso scolastico ed in generale nelle opere scientifiche o didattiche è lecita, contro pagamen-

to di un equo compenso che è determinato nelle forme previste dal regolamento.
Nella riproduzione deve indicarsi il nome del fotografo e la data dell'anno della fabbricazione, se risultano dalla fotografia riprodotta.
La riproduzione di fotografie pubblicate sui giornali od altri periodici, concernenti persone o fatti di attualità od aventi comunque pubblico interesse, è lecita contro pagamento di un equo compenso.
Sono applicabili le disposizioni dell'ultimo comma dell'articolo 88.

Art. 92
Il diritto esclusivo sulle fotografie dura vent'anni dalla produzione della fotografia.

Capo VI - Diritti relativi alla corrispondenza epistolare ed al ritratto

Sezione I - Diritti relativi alla corrispondenza epistolare

Art. 93
Le corrispondenze epistolari, gli epistolari, le memorie familiari e personali e gli altri scritti della medesima natura, allorché abbiano carattere confidenziale o si riferiscano alla intimità della vita privata, non possono essere pubblicati, riprodotti od in qualunque modo portati alla conoscenza del pubblico senza il consenso dell'autore, e trattandosi di corrispondenze epistolari e di epistolari, anche del destinatario.
Dopo la morte dell'autore o del destinatario occorre il consenso del coniuge e dei figli, o, in loro mancanza, dei genitori; mancando il coniuge, i figli e i genitori, dei fratelli e delle sorelle, e, in loro mancanza, degli ascendenti e dei discendenti diretti fino al quarto grado.
Quando le persone indicate nel comma precedente siano più e vi sia tra loro dissenso decide l'autorità giudiziaria, sentito il pubblico ministero
È rispettata, in ogni caso, la volontà del defunto quando risulti da scritto.

Art. 94
Il consenso indicato all'articolo precedente non è necessario quando la conoscenza dello scritto è richiesta ai fini di un giudizio civile o penale o per esigenza di difesa dell'onore o della reputazione personale o familiare.

Art. 95
Le disposizioni degli articoli precedenti si applicano anche alle corrispondenze epistolari che costituiscono opere tutelate dal diritto di autore ed anche se cadute in dominio pubblico. Non si applicano agli atti e corrispondenze ufficiali o agli atti e corrispondenze che presentano interesse di stato.

Sezione II - Diritti relativi al ritratto

Capo VII - Diritti relativi ai progetti di lavori dell'ingegneria

Capo VIII - Protezione del titolo, delle rubriche, dell'aspetto esterno dell'opera degli articoli e di notizie - divieto di taluni atti di concorrenza sleale

Titolo II-bis - Disposizioni sui diritti del costitutore di una banca dati

Capo I - Diritti del costitutore di una banca di dati
Capo II - Diritti e obblighi dell'utente

Titolo II-ter - Misure tecnologiche di protezione. Informazioni sul regime dei diritti

Titolo III - Disposizioni comuni

Capo I - Registri di pubblicità e deposito delle opere

Capo II - Trasmissione dei diritti di utilizzazione

Sezione I - Norme generali

Sezione II - Trasmissione a causa di morte

Sezione III - Contratto di edizione

Sezione IV - Contratti di rappresentazione e di esecuzione

Sezione V - Ritiro dell'opera dal commercio

Sezione VI - Diritti dell'autore sull'aumento di valore delle opere delle arti figurative

Capo III - Difese e sanzioni giudiziarie

Sezione I - Difese e sanzioni civili

Sezione II - Difese e sanzioni penali

Titolo IV - Diritto demaniale [abrogato]

Titolo V - Enti di diritto pubblico per la protezione e l'esercizio dei diritti di autore

Titolo VI - Sfera di applicazione della legge

Titolo VII - Comitato consultivo permanente per il diritto di autore

Titolo VIII - Disposizioni generali, transitorie e finali

LINEE GUIDA IN MATERIA DI TRATTAMENTO DI DATI PERSONALI
DA PARTE DEI CONSULENTI TECNICI E DEI PERITI AUSILIARI DEL
GIUDICE E DEL PUBBLICO MINISTERO
DELIBERAZIONE N. 46 DEL 26 GIUGNO 2008
pubblicate sulla Gazzetta Ufficiale n. 178 del 31 Luglio 2008

1. Premessa

1.1 Scopo delle linee guida

I consulenti tecnici e i periti ausiliari del giudice e del pubblico ministero coadiuvano e assistono l'autorità giudiziaria nello svolgimento delle proprie funzioni, quando ciò si rende necessario per compiere atti o esprimere valutazioni che richiedono particolari e specifiche competenze tecniche (art. 61 c.p.c.; artt. 220 e 359 c.p.p.).

L'attività svolta dai consulenti tecnici e dai periti è strettamente connessa e integrata con l'attività giurisdizionale, di cui mutua i compiti e le finalità istituzionali.

Nell'espletamento delle relative incombenze, il consulente e il perito di regola vengono a conoscenza e devono custodire, contenuti nella documentazione consegnata dall'ufficio giudiziario, anche dati personali di soggetti coinvolti a diverso titolo nelle vicende giudiziarie (quali le parti di un giudizio civile o le persone sottoposte a procedimento penale), e possono acquisire altre informazioni di natura personale nel corso delle operazioni (cfr. ad esempio, art. 194 c.p.c., richiesta di chiarimenti alle parti e assunzione di informazioni presso terzi; art. 228, comma 3, c.p.p., richiesta di notizie all'imputato, alla persona offesa o ad altre persone). L'attività dell'ausiliario comporta quindi il trattamento di diversi dati personali, talvolta di natura sensibile o di carattere giudiziario (art. 4, comma 1, lettere d) ed e) del Codice), di uno o più soggetti, persone fisiche o giuridiche.

A tali trattamenti, in quanto direttamente correlati alla trattazione giudiziaria di affari e di controversie, si applicano le norme del Codice relative ai trattamenti effettuati presso uffici giudiziari di ogni ordine e grado "per ragioni di giustizia" (art. 47, comma 2, del Codice; cfr. Provv. del Garante 31 dicembre 1998, doc. web n. 39608; Provv. 27 marzo 2002, doc. web n. 1063421).

Le presenti linee guida mirano a fornire indicazioni di natura generale ai professionisti nominati consulenti tecnici e periti dall'autorità giudiziaria nell'ambito di procedimenti civili, penali e amministrativi al fine esclusivo di garantire il rispetto dei princìpi in materia di protezione dei dati personali ai sensi del Codice in materia protezione dei dati personali (d.lg. 30 giugno 2003, n. 196).

1.2 Ambito considerato
Le predette indicazioni non incidono sulle forme processuali che gli ausiliari devono rispettare nello svolgimento delle attività e nell'adempimento degli obblighi derivanti dall'incarico e dalle istruzioni ricevuti dall'autorità giudiziaria, come disciplinati dalle pertinenti disposizioni codicistiche.
All'interno del paragrafo 6. sono poi formulate alcune indicazioni applicabili anche ai trattamenti di dati personali effettuati dai soggetti nominati consulenti tecnici dalle parti private con riferimento a procedimenti giudiziari (artt. 87, 194, 195 e 201 c.p.c.; artt. 225 e ss., 233 e 360 c.p.p.).

2. Il rispetto dei princìpi di protezione dei dati personali

2.1 Considerazioni generali
La peculiare disciplina posta dal Codice con riguardo ai trattamenti svolti per ragioni di giustizia (art. 47) rende non applicabili alcune disposizioni del medesimo Codice relative alle modalità di esercizio dei diritti da parte dell'interessato (art. 9), al riscontro da fornire al medesimo (art. 10), ai codici di deontologia e di buona condotta (art. 12), all'informativa agli interessati (art. 13), alla cessazione del trattamento (art. 16), al trattamento svolto da soggetti pubblici (artt. da 18 a 22), alla notificazione al Garante (artt. 37 e 38, commi da 1 a 5), a determinati obblighi di comunicazione all'Autorità, alle autorizzazioni e al trasferimento dei dati all'estero (artt. da 39 a 45), nonché ai ricorsi al Garante (artt. da 145 a 151).
Sono invece pienamente applicabili le altre pertinenti disposizioni del Codice. In particolare, il trattamento dei dati effettuato a cura di consulenti tecnici e periti deve avvenire:
  - nel rispetto dei principi di liceità e che riguardano la qualità dei dati (art. 11);
  - adottando le misure di sicurezza idonee a preservare i dati da alcuni eventi, tra i quali accessi e utilizzazioni indebite (artt. 31 e ss. e disciplinare tecnico allegato B) al Codice).

2.2 Liceità, finalità, esattezza, pertinenza

Il consulente e il perito possono trattare lecitamente dati personali, nei limiti in cui ciò è necessario per il corretto adempimento dell'incarico ricevuto e solo nell'ambito dell'accertamento demandato dall'autorità giudiziaria; devono rispettare, altresì, le disposizioni sulle funzioni istituzionali della medesima autorità giudiziaria contenute in leggi e regolamenti, avvalendosi in particolare di informazioni personali e di modalità di trattamento proporzionate allo scopo perseguito (art. 11, comma 1, lett. a) e b)), nel rigoroso rispetto delle istruzioni impartite dall'autorità giudiziaria.

In tale quadro, l'eventuale utilizzo incrociato di dati può ritenersi consentito se è chiaramente collegato alle indagini delegate ed è stato autorizzato dalle singole autorità giudiziarie dinanzi alle quali pendono i procedimenti o, se questi si sono conclusi, che ebbero a conferire l'incarico o da altra autorità giudiziaria competente.

Nel pieno rispetto dell'ambito e della natura dell'incarico ricevuto, il consulente e il perito sono tenuti ad acquisire, utilizzare e porre a fondamento delle proprie operazioni e valutazioni informazioni personali che, con riguardo all'oggetto dell'indagine da svolgere, siano idonee a fornire una rappresentazione (finanziaria, sanitaria, patrimoniale, relazionale, ecc.) corretta, completa e corrispondente ai dati di fatto anche quando vengono espresse valutazioni soggettive di ciascun interessato, persona fisica o giuridica. Ciò, non solo allo scopo di fornire un riscontro esauriente in relazione al compito assegnato, ma anche al fine di evitare che, da un quadro inesatto o comunque inidoneo di informazioni possa derivare nocumento all'interessato, anche nell'ottica di una non fedele rappresentazione della sua identità (art. 11, comma 1, lett. c)).

Particolare attenzione deve essere inoltre posta dal consulente e dal perito nell'acquisire e utilizzare solo le informazioni che risultino effettivamente necessarie in riferimento alle specifiche finalità di accertamento perseguite. In ossequio al principio di pertinenza nel trattamento dei dati, le relazioni e le informative fornite al magistrato ed eventualmente alle parti non devono né riportare dati, specie se di natura sensibile o di carattere giudiziario o comunque di particolare delicatezza, chiaramente non pertinenti all'oggetto dell'accertamento peritale, né contenere ingiustificatamente informazioni personali relative a soggetti estranei al procedimento (art. 11, comma 1, lett. d)).

3. Comunicazione dei dati

Le informazioni personali acquisite nel corso dell'accertamento possono essere comunicate alle parti, come rappresentate nel procedimento (ad esempio, attraverso propri consulenti tecnici), con le modalità e nel rispetto dei limiti fissati dalla pertinente normativa posta a tutela della segretezza e riservatezza degli atti processuali. Fermo l'obbligo per l'ausiliare di mantenere il segreto sulle operazioni compiute (art. 226 c.p.p.; cfr. anche art. 379-bis c.p.), eventuali comunicazioni di dati a terzi, ove ritenute indispensabili in funzione del perseguimento delle finalità dell'indagine, restano subordinate a quanto eventualmente direttamente stabilito per legge o, comunque, a preventive e specifiche autorizzazioni rilasciate dalla competente autorità giudiziaria.

4. Conservazione e cancellazione dei dati

In riferimento ai trattamenti di dati svolti per ragioni di giustizia non è applicabile la disposizione del Codice (art. 16) relativa alla cessazione del trattamento di dati personali, evenienza che, nel caso del trattamento effettuato dal consulente e dal perito, di regola coincide con l'esaurimento dell'incarico.

Trova, peraltro, applicazione anche ai trattamenti di dati personali effettuati per ragioni di giustizia il dettato dell'art. 11, comma 1, lett. e), del Codice il quale prevede che i dati non possono essere conservati per un periodo di tempo superiore a quello necessario al perseguimento degli scopi per i quali essi sono stati raccolti e trattati.

Ne consegue che, espletato l'incarico e terminato quindi il connesso trattamento delle informazioni personali, l'ausiliario deve consegnare per il deposito agli atti del procedimento non solo la propria relazione, ma anche la documentazione consegnatagli dal magistrato e quella ulteriore acquisita nel corso dell'attività svolta, salvo quanto eventualmente stabilito da puntuali disposizioni normative o da specifiche autorizzazioni dell'autorità giudiziaria che dispongano legittimamente ed espressamente in senso contrario.

Ove non ricorrano tali ultime due ipotesi, il consulente e il perito non possono quindi conservare, in originale o in copia, in formato elettronico o su supporto cartaceo, informazioni personali acquisite nel corso dell'incarico concernenti i soggetti, persone fisiche o giuridiche, nei cui confronti hanno svolto accertamenti.

Analogamente, la documentazione acquisita nel corso delle operazioni peritali deve essere restituita integralmente al magistrato in caso di revoca o di rinuncia all'incarico da parte dell'ausiliario.

Qualora sia prevista una conservazione per adempiere a uno specifico obbligo normativo (ad esempio, in materia fiscale o contabile), possono

essere custoditi i soli dati personali effettivamente necessari per adempiere tale obbligo.
Eventuali, ulteriori informazioni devono essere quindi cancellate, oppure trasformate in forma anonima anche per finalità scientifiche o statistiche, tale da non poter essere comunque riferita a soggetti identificati o identificabili, anche indirettamente, mediante riferimento a qualsiasi altra informazione (art. 4, comma 1, lett. b), del Codice).
Tutto ciò non pregiudica l'espletamento di eventuali ulteriori attività dell'ausiliare, conseguenti a richieste di chiarimenti o di supplementi di indagine, che il consulente e il perito possono soddisfare acquisendo dal fascicolo processuale, in conformità alle regole poste dai codici di rito, la documentazione necessaria per fornire i nuovi riscontri.

5. Misure di sicurezza

5.1 Misure idonee e misure minime

Limitatamente all'espletamento degli accertamenti, l'attività dell'ausiliare è connotata da peculiari caratteri di autonomia, in relazione alla natura squisitamente tecnica delle indagini che si svolgono, di regola, senza l'intervento del magistrato.
Ricevuto l'incarico e sino al momento della consegna al giudice o al pubblico ministero delle risultanze dell'attività svolta, incombono concretamente al consulente tecnico e al perito, riguardo ai dati personali acquisiti all'atto dell'incarico e alle ulteriori informazioni raccolte nel corso delle operazioni, le responsabilità e gli obblighi relativi al profilo della sicurezza prescritti dal Codice.
L'ausiliare è tenuto quindi a impiegare tutti gli accorgimenti idonei a evitare un'indebita divulgazione delle informazioni e, al contempo, la loro perdita o distruzione, adottando, a tal fine, le misure atte a garantire la sicurezza dei dati e dei sistemi eventualmente utilizzati. Egli deve curare personalmente, con il grado di autonomia riconosciuto per legge o con l'incarico ricevuto, sia le "misure idonee e preventive" cui fa riferimento l'art. 31 del Codice, sia le "misure minime" specificamente indicate negli articoli da 33 a 35 e nel disciplinare tecnico allegato B) al Codice, la cui mancata adozione costituisce fattispecie penalmente sanzionata (art. 169 del Codice). Ove reso necessario dal trattamento di dati sensibili o giudiziari effettuato con l'ausilio di strumenti elettronici, nell'ambito delle misure minime (art. 33, comma 1, lett. g) del Codice) deve essere redatto il documento programmatico sulla

sicurezza, con le modalità e i contenuti previsti al punto 19. del citato disciplinare tecnico.

5.2 Incaricati
L'obbligo di preporre alla custodia e al trattamento dei dati personali raccolti nel corso dell'accertamento solo il personale specificamente incaricato per iscritto resta fermo anche nel caso in cui il consulente e il perito si avvalgano dell'opera di collaboratori, anche se addetti a compiti di collaborazione amministrativa (art. 30 del Codice). L'attività di tali incaricati deve essere oggetto di precise istruzioni oltre che sulle modalità e sull'ambito del trattamento consentito, anche in ordine alla scrupolosa osservanza della riservatezza relativamente ai dati di cui vengono a conoscenza.

6. I consulenti tecnici di parte nei procedimenti giudiziari
Ferma restando ogni altra disposizione contenuta nel Codice, nei provvedimenti generali adottati dal Garante e in un codice deontologico concernente le condizioni e i limiti applicabili ai trattamenti di dati personali effettuati dai consulenti tecnici di parte nei procedimenti giudiziari, anche a tali trattamenti trovano applicazione i principi di liceità e che riguardano la qualità dei dati (art. 11 del Codice) e le disposizioni in materia di misure di sicurezza volte alla protezione dei dati stessi (artt. 31 e ss. e disciplinare tecnico allegato B) al Codice).
In particolare, il consulente di parte:
   - può trattare lecitamente i dati personali nei limiti in cui ciò è necessario per il corretto adempimento dell'incarico ricevuto dalla parte o dal suo difensore ai fini dello svolgimento delle indagini difensive di cui alla legge n. 397/2000 o, comunque, per far valere o difendere un diritto in sede giudiziaria (art. 11, comma 1, lett. a) e b)); dati sensibili o giudiziari possono essere utilizzati solo se ciò è indispensabile;
   - può acquisire e utilizzare solo i dati personali comunque pertinenti e non eccedenti rispetto alle finalità perseguite con l'incarico ricevuto, avvalendosi di informazioni personali e di modalità di trattamento proporzionate allo scopo perseguito (art. 11, comma 1, lett. d));
   - salvi i divieti di legge posti a tutela della segretezza e riservatezza delle informazioni acquisite nel corso di un procedimento giudiziario (cfr., ad esempio, l'art. 379-bis c.p.p.) e i limiti e i doveri derivanti dal segreto professionale e dal fedele espletamento dell'incarico ricevuto (cfr. artt. 380 e 381 c.p.), può comunicare a terzi dati personali solo ove ciò risulti necessario per finalità di tutela dell'assistito, limitatamente ai dati strettamente

funzionali all'esercizio del diritto di difesa della parte e nel rispetto dei diritti e della dignità dell'interessato e di terzi;

- relativamente ai dati personali acquisiti e trattati nell'espletamento dell'incarico ricevuto da una parte, assume personalmente le responsabilità e gli obblighi relativi al profilo della sicurezza prescritti dal Codice, relativamente sia alle "misure idonee e preventive" (art. 31) sia alle "misure minime" (artt. da 33 a 35 e disciplinare tecnico allegato B) al Codice; art. 169 del Codice); ove l'incarico comporti il trattamento con strumenti elettronici di dati sensibili o giudiziari, è tenuto a redigere il documento programmatico sulla sicurezza (art. 33, comma 1, lett. g) e punto 19. del disciplinare tecnico allegato B));

- deve incaricare per iscritto gli eventuali collaboratori, anche se adibiti a mansioni di carattere amministrativo, che siano addetti alla custodia e al trattamento, in qualsiasi forma, dei dati personali (art. 30 del Codice), impartendo loro precise istruzioni sulle modalità e l'ambito del trattamento loro consentito e sulla scrupolosa osservanza della riservatezza dei dati di cui vengono a conoscenza.

CODICE DEI BENI CULTURALI E DEL PAESAGGIO
AI SENSI DELL'ARTICOLO 10 DELLA LEGGE 6 LUGLIO 2002, N. 137
"Codice Urbani"
Decreto Legislativo 22 gennaio 2004, n.42

TITOLO II
Fruizione e valorizzazione

Capo I
Fruizione dei beni culturali

Sezione II
Uso dei beni culturali

Articolo 106
Uso individuale di beni culturali
1. Lo Stato, le regioni e gli altri enti pubblici territoriali possono concedere l'uso dei beni culturali che abbiano in consegna, per finalità compatibili con la loro destinazione culturale, a singoli richiedenti.
2. Per i beni in consegna al Ministero, il Ministero determina il canone dovuto e adotta il relativo provvedimento.
2-bis. Per i beni diversi da quelli indicati al comma 2, la concessione in uso è subordinata all'autorizzazione del Ministero, rilasciata a condizione che il conferimento garantisca la conservazione e la fruizione pubblica del bene e sia assicurata la compatibilità della destinazione d'uso con il carattere storico-artistico del bene medesimo. Con l'autorizzazione possono essere dettate prescrizioni per la migliore conservazione del bene.

Articolo 107
Uso strumentale e precario e riproduzione di beni culturali
1. Il Ministero, le regioni e gli altri enti pubblici territoriali possono consentire la riproduzione nonché l'uso strumentale e precario dei beni culturali che abbiano in consegna, fatte salve le disposizioni di cui al comma 2 e quelle in materia di diritto d' autore.
2. È di regola vietata la riproduzione di beni culturali che consista nel trarre calchi, per contatto, dagli originali di sculture e di opere a rilievo in genere, di qualunque materiale tali beni siano fatti. Tale riproduzione è consentita solo in via eccezionale e nel rispetto delle modalità stabilite con apposito decreto ministeriale. Sono invece consentiti, previa autorizzazione del soprin-

tendente, i calchi da copie degli originali già esistenti nonché quelli ottenuti con tecniche che escludano il contatto diretto con l'originale.

Articolo 108
Canoni di concessione, corrispettivi di riproduzione, cauzione

1. I canoni di concessione ed i corrispettivi connessi alle riproduzioni di beni culturali sono determinati dall'autorità che ha in consegna i beni tenendo anche conto: a) del carattere delle attività cui si riferiscono le concessioni d'uso; b) dei mezzi e delle modalità di esecuzione delle riproduzioni; c) del tipo e del tempo di utilizzazione degli spazi e dei beni; d) dell'uso e della destinazione delle riproduzioni, nonché dei benefici economici che ne derivano al richiedente.
2. I canoni e i corrispettivi sono corrisposti, di regola, in via anticipata.
3. Nessun canone è dovuto per le riproduzioni richieste o eseguite da privati per uso personale o per motivi di studio, ovvero da soggetti pubblici o privati per finalità di valorizzazione, purché attuate senza scopo di lucro. I richiedenti sono comunque tenuti al rimborso delle spese sostenute dall'amministrazione concedente.
3-bis. Sono in ogni caso libere le seguenti attività, svolte senza scopo di lucro, per finalità di studio, ricerca, libera manifestazione del pensiero o espressione creativa, promozione della conoscenza del patrimonio culturale: 1) la riproduzione di beni culturali diversi dai beni archivistici sottoposti a restrizioni di consultabilità ai sensi del capo III del presente titolo, attuata nel rispetto delle disposizioni che tutelano il diritto di autore e con modalità che non comportino alcun contatto fisico con il bene, né l'esposizione dello stesso a sorgenti luminose, né, all'interno degli istituti della cultura, l'uso di stativi o treppiedi; 2) la divulgazione con qualsiasi mezzo delle immagini di beni culturali, legittimamente acquisite, in modo da non poter essere ulteriormente riprodotte a scopo di lucro.
4. Nei casi in cui dall'attività in concessione possa derivare un pregiudizio ai beni culturali, l'autorità che ha in consegna i beni determina l'importo della cauzione, costituita anche mediante fideiussione bancaria o assicurativa. Per gli stessi motivi, la cauzione è dovuta anche nei casi di esenzione dal pagamento dei canoni e corrispettivi.
5. La cauzione è restituita quando sia stato accertato che i beni in concessione non hanno subito danni e le spese sostenute sono state rimborsate.
6. Gli importi minimi dei canoni e dei corrispettivi per l'uso e la riproduzione dei beni sono fissati con provvedimento dell'amministrazione concedente.

Articolo 109
Catalogo di immagini fotografiche e di riprese di beni culturali

1. Qualora la concessione abbia ad oggetto la riproduzione di beni culturali per fini di raccolta e catalogo di immagini fotografiche e di riprese in genere, il provvedimento concessorio prescrive: a) il deposito del doppio originale di ogni ripresa o fotografia; b) la restituzione, dopo l'uso, del fotocolor originale con relativo codice.

Articolo 110
Incasso e riparto di proventi
[omesso]

Capo III
Consultabilità dei documenti degli archivi e tutela della riservatezza

Articolo 122
Archivi di Stato e archivi storici degli enti pubblici: consultabilità dei documenti

1. I documenti conservati negli archivi di Stato e negli archivi storici delle regioni, degli altri enti pubblici territoriali nonché di ogni altro ente ed istituto pubblico sono liberamente consultabili, ad eccezione: a) di quelli dichiarati di carattere riservato, ai sensi dell'articolo 125, relativi alla politica estera o interna dello Stato, che diventano consultabili cinquanta anni dopo la loro data; b) di quelli contenenti i dati sensibili nonché i dati relativi a provvedimenti di natura penale espressamente indicati dalla normativa in materia di trattamento dei dati personali, che diventano consultabili quaranta anni dopo la loro data. Il termine é di settanta anni se i dati sono idonei a rivelare lo stato di salute, la vita sessuale o rapporti riservati di tipo familiare.
2. Anteriormente al decorso dei termini indicati nel comma 1, i documenti restano accessibili ai sensi della disciplina sull'accesso ai documenti amministrativi. Sull'istanza di accesso provvede l'amministrazione che deteneva il documento prima del versamento o del deposito , ove ancora operante, ovvero quella che ad essa é' subentrata nell'esercizio delle relative competenze.
3. Alle disposizioni del comma 1 sono assoggettati anche gli archivi e i documenti di proprietà privata depositati negli archivi di Stato e negli archivi storici degli enti pubblici, o agli archivi medesimi donati o venduti o lasciati in eredità o legato. I depositanti e coloro che donano o vendono o lasciano in eredità o legato i documenti possono anche stabilire la condizione della non consultabilità di tutti o di parte dei documenti dell'ultimo settantennio. Tale limitazione, così come quella generale stabilita dal comma 1, lettera b), non

opera nei riguardi dei depositanti, dei donanti, dei venditori e di qualsiasi altra persona da essi designata; detta limitazione è altresì inoperante nei confronti degli aventi causa dai depositanti, donanti e venditori, quando si tratti di documenti concernenti oggetti patrimoniali, ai quali essi siano interessati per il titolo di acquisto.

Articolo 123
Archivi di Stato e archivi storici degli enti pubblici: consultabilità dei documenti riservati
1. Il Ministro dell'interno, previo parere del direttore dell'Archivio di Stato competente e udita la commissione per le questioni inerenti alla consultabilità degli atti di archivio riservati, istituita presso il Ministero dell'interno, può autorizzare la consultazione per scopi storici di documenti di carattere riservato conservati negli archivi di Stato anche prima della scadenza dei termini indicati nell'articolo 122, comma 1. L'autorizzazione è rilasciata, a parità di condizioni, ad ogni richiedente.
2. I documenti per i quali è autorizzata la consultazione ai sensi del comma 1 conservano il loro carattere riservato e non possono essere ulteriormente utilizzati da altri soggetti senza la relativa autorizzazione.
3. Alle disposizioni dei commi 1 e 2 è assoggettata anche la consultazione per scopi storici di documenti di carattere riservato conservati negli archivi storici delle regioni, degli altri enti pubblici territoriali nonché di ogni altro ente ed istituto pubblico. Il parere di cui al comma 1 è reso dal soprintendente archivistico.

Articolo 124
Consultabilità a scopi storici degli archivi correnti
1. Salvo quanto disposto dalla vigente normativa in materia di accesso agli atti della pubblica amministrazione, lo Stato, le regioni e gli altri enti pubblici territoriali disciplinano la consultazione a scopi storici dei propri archivi correnti e di deposito.
2. La consultazione ai fini del comma 1 degli archivi correnti e di deposito degli altri enti ed istituti pubblici, è regolata dagli enti ed istituti medesimi, sulla base di indirizzi generali stabiliti dal Ministero.

Articolo 125
Declaratoria di riservatezza
1. L'accertamento dell'esistenza e della natura degli atti non liberamente consultabili indicati agli articoli 122 e 127 è effettuato dal Ministero dell'interno, d'intesa con il Ministero.

Articolo 126
Protezione di dati personali
1. Qualora il titolare di dati personali abbia esercitato i diritti a lui riconosciuti dalla normativa che ne disciplina il trattamento, i documenti degli archivi storici sono conservati e consultabili unitamente alla documentazione relativa all'esercizio degli stessi diritti.
2. Su richiesta del titolare medesimo, può essere disposto il blocco dei dati personali che non siano di rilevante interesse pubblico, qualora il loro trattamento comporti un concreto pericolo di lesione della dignità, della riservatezza o dell'identità personale dell'interessato.
3. La consultazione per scopi storici dei documenti contenenti dati personali è assoggettata anche alle disposizioni del codice di deontologia e di buona condotta previsto dalla normativa in materia di trattamento dei dati personali.

Articolo 127
Consultabilità degli archivi privati
1. I privati proprietari, possessori o detentori a qualsiasi titolo di archivi o di singoli documenti dichiarati ai sensi dell'articolo 13 hanno l'obbligo di permettere agli studiosi, che ne facciano motivata richiesta tramite il soprintendente archivistico, la consultazione dei documenti secondo modalità concordate tra i privati stessi e il soprintendente. Le relative spese sono a carico dello studioso.
2. Sono esclusi dalla consultazione i singoli documenti dichiarati di carattere riservato ai sensi dell'articolo 125. Possono essere esclusi dalla consultazione anche i documenti per i quali sia stata posta la condizione di non consultabilità ai sensi dell'articolo 122, comma 3.
3. Agli archivi privati utilizzati per scopi storici, anche se non dichiarati a norma dell'articolo 13, si applicano le disposizioni di cui agli articoli 123, comma 3, e 126, comma 3

Giurisprudenza

Elaborazione creativa

Una tesi di laurea è il risultato dell'attività creativa del candidato, anche in presenza di interventi, pure sostanziali, del relatore, ed è quindi tutelata dal DdA, così come lo sono gli appunti di uno studente, eventualmente pubblicati come dispense, purché organizzati con sufficiente originalità e creatività.
Corte di Appello di Perugia, sentenza 22 Febbraio 1995, n.41
Corte di Appello di Perugia, sentenza 22 Febbraio 1995, n. 25

Va osservato a tale proposito che la creatività, nell'ambito di tali opere dell'ingegno, non è costituita dall'idea in sé, ma dalla forma della sua espressione, ovvero dalla sua soggettività, di modo che la stessa idea può essere alla base di diverse opere che sono o possono essere diverse per la creatività soggettiva che ciascuno degli autori spende, e che, in quanto tale, rileva per l'ottenimento della protezione.
Cassazione, Sezione I, 25173/2011

In tema di distinzione tra l'*elaborazione creativa* e la *contraffazione*, mentre quest'ultima consiste nella sostanziale riproduzione dell'opera originale, con differenze di mero dettaglio che sono frutto non di un apporto creativo, ma del mascheramento della contraffazione, la prima si caratterizza per un'elaborazione dell'opera originale con un riconoscibile apporto creativo.
Cassazione, I sezione, sentenza 15 Giugno 2012, n. 9854

Testo giuridico-tecnico come opera dell'ingegno

Per godere della tutela di diritto d'autore, è sufficiente che l'opera presenti *un grado minimo di creatività*; ciò vale soprattutto per le creazioni di carattere tecnico, rispetto alle quali le scelte di contenuto sono in parte obbligate mentre ciò che può essere variato, secondo la scelta discrezionale dell'autore, sono le modalità espressive.
In tema di diritto d'autore, il concetto giuridico di creatività non coincide con quello di creazione, originalità e novità assoluta, riferendosi, per contro, alla personale e individuale espressione di un'opera appartenente alle catego-

rie elencate, in via esemplificativa, nell'art. 1 della LdA, con la conseguenza che la creatività non può essere esclusa soltanto perché l'opera consiste in idee e nozioni semplici, ricomprese nel patrimonio intellettuale di persone aventi esperienza nella materia e non è costituita dall'idea in sé, ma dalla forma della sua espressione, di modo che la stessa idea può essere alla base di diverse opere rese diverse dalla creatività soggettiva dei rispettivi autori.
Sentenza del 13 Marzo 2014, causa n. 79952/11 Tribunale di Milano, Sezione Specializzata in Materia d'Impresa
in **Luigi Manna** - *Anche un testo tecnico può essere protetto dal diritto d'autore* - Diritto 24, 3 Giugno 2014

CITAZIONE

Il diritto di citazione non consente l'intera riproduzione di opere protette.
Sentenza dell'8 Luglio 2009, Tribunale di Milano, Sezione Proprietà Intellettuale
in Aida 2011, 1397/7

FOTOGRAFIA

Nella disciplina del DdA di cui alla LdA, l'opera fotografica [...] gode della piena protezione accordata dalla legge, comprensiva della tutela del cosiddetto diritto morale d'autore, qualora presenti valore artistico e connotati di creatività mentre beneficia della più limitata tutela di cui ai successivi art.87 e segg. in tema di diritti connessi con il DdA, quando configuri un mero atto riproduttivo privo dei suddetti requisiti.
Sono quindi escluse dalla protezione, anche da quella più limitata, le fotografie di *scritti, documenti, carte di affari, oggetti materiali, disegni tecnici e prodotti simili*, intendendosi le fotografie aventi mera finalità riproduttivo-documentale e perciò non destinate a funzioni ulteriori, quali, ad esempio, la commercializzazione o promozione di un prodotto.
In tema di diritti allo sfruttamento esclusivo della fotografia qualora questa risulti realizzata nel corso ed in adempimento di un rapporto di lavoro, essi appartengono, salvo patto contrario, non al fotografo, ma al datore di lavoro.
La legge, in sintesi, tutela con l'attribuzione al fotografo del diritto di esclusiva allo sfruttamento, diffusione e commercializzazione, tutte le fotografie, *escluse quelle che riguardano documenti, carte di affari, oggetti industriali*

e simili, ai sensi dell'articolo 87 comma 2, della LdA, *meccanicamente riproduttive dell'oggetto, con semplice funzione di documentazione del medesimo.*
Cassazione, I sezione, sentenza 4 Luglio 1992, n. 8186
Cassazione, I sezione, sentenza 7 Maggio 1998, n. 4606
Cassazione, sentenza 21 giugno 2000, n. 8425, in Aida 2000, 663/1

Epistolari

Va inibita in via cautelare l'illecita pubblicazione *post mortem*, senza il consenso degli aventi diritto, di corrispondenza epistolare confidenziale, tale dovendosi ritenere quella il cui autore ha confidato nel riserbo e nella discrezione del destinatario, mentre non ha diretta rilevanza - ai fini dell'accertamento della confidenzialità dello scritto - il tema affrontato o il sentimento manifestato dallo scrivente (nella specie, il tribunale ha inibito l'ulteriore pubblicazione delle lettere inedite di Italo Calvino ad Elsa de' Giorgi, senza il consenso dei congiunti del defunto autore, riconoscendone il carattere confidenziale, pur se nelle stesse vi è inscindibile commistione di tematiche strettamente attinenti alla sfera di intimità personale dei due corrispondenti insieme alla trattazione di profili attinenti alla produzione letteraria ed artistica dello scrittore).
in Il Foro Italiano, 2005, 01, pt. I, pg. 249 (Zanichelli)

L'art. 93 LdA si applica anche agli epistolari che costituiscono *opere d'arte*, aggiungendo il *diritto alla riservatezza* a quello d'autore e sulla proprietà, oltretutto prevalente su questi ultimi poiché anche il destinatario può opporsi alla pubblicazione, anche se liberata dall'autore o dal proprietario.
Sentenza 3 Dicembre 2004, Tribunale di Milano
in Aida 2007, 1144/2

Riservatezza dei dati personali

Il *diritto all'oblio* sulle proprie vicende personali, che fa capo ad ogni persona, si deve confrontare, invero, col diritto della collettività ad essere informata e aggiornata sui fatti da cui dipende la formazione dei propri convincimenti, anche quando da essa derivi discredito alla persona che è titolare di quel diritto, sicché non può dolersi S. della riesumazione di un fatto certamente idoneo alla formazione della pubblica opinione.
Cassazione, V Sezione Penale, Sentenza 38747/2017

Documenti e Modelli di Utilità

Disposizioni per il Giuramento delle Perizie (Tribunale di Roma)[47]
[estratto e adattato]

Ogni utente può presentare per il giuramento [al] massimo n. 10 atti, dopodiché bisognerà rimettersi in coda nella lista di prenotazione.
I periti sono invitati a controllare, prima di presentare gli atti per la registrazione, che siano stati compiuti – nella formazione degli atti – tutti gli adempimenti di seguito indicati (spillatura o rilegatura dei fogli, applicazione delle marche secondo legge, firme di congiunzione, ecc..) con l'avvertenza che l'ufficio non è in grado di mettere a disposizione degli utenti materiale di lavoro.

Disposizioni:
1) le perizie vanno giurate dallo stesso tecnico che le ha redatte;
2) il verbale di giuramento deve essere allegato alla fine della perizia e prima degli eventuali allegati, compilato dal perito con il proprio nome, cognome e gli estremi di un documento di identità o riconoscimento;
I fogli della perizia, del giuramento e degli eventuali allegati, devono essere uniti mediante spillatura, rilegatura, od altro;
Il perito deve autenticare la perizia, apponendo la propria firma e timbro nelle congiunzioni di tutti i fogli, ad eccezione della pagina che contiene il solo giuramento.
La numerazione delle pagine, tutte timbrate e firmate dal perito, sempre esclusa la pagina del giuramento, sostituisce la firma sulla congiunzione dei fogli).
Marche da Bollo o Contrassegni (con codice a barre)
1 marca da euro 16,00 da applicare sulla perizia se la stessa è costituita da un massimo di 100 righe compreso il verbale di giuramento, ed inoltre, se le pagine della perizia, compreso il verbale di giuramento, contengono un numero

---

[47] Verificate **sempre** se le disposizioni non sono variate nel tempo [queste sono valide al *10/2017*] e se nel **vostro** Tribunale non siano in vigore disposizioni diverse. Il *verbale di giuramento* è disponibile sul sito del *Tribunale di Roma*.

di righe da 101 a 200 applicare 2 marche da euro 16,00, se contengono da 201 a 300 righe applicare 3 marche da euro 16,00 ecc... In caso di perizia superiore a 100 righe (compreso il verbale di giuramento) è possibile applicare una marca cumulativa sulla perizia.
Marche da applicare sugli eventuali allegati della perizia:
€ 0,52 su ciascun allegato *elaborato originale* del perito - per es.: € 0,52 per ciascun disegno, € 0,52 per ciascuna fotografia, anche se riprodotta in fotocopia, ecc.
€ 0,52 ogni 100 righe nell'ipotesi che l'allegato contenga elenchi, calcoli, computi metrici, ecc..
€ 0,52 su ciascuna fotocopia di documenti rilasciati da altri uffici, se autenticata dal perito con timbro personale e firma.
È possibile applicare una marca cumulativa per tutti gli allegati.
Nulla è dovuto per semplici fotocopie od altri documenti.

LINEE GUIDA PER LA REDAZIONE DEGLI ATTI E DEI PROVVEDIMENTI IN MANIERA CHIARA E SINTETICA

elaborate dal Gruppo di lavoro riunitosi in occasione della XII Assemblea Nazionale degli Osservatori sulla giustizia civile (*Roma, 19-21 maggio 2017*)
[estratto - allegati A e B]

Allegato A

1) Al fine di agevolare la comprensione delle proprie repliche è consigliabile che siano riportati i passi degli atti avversari in carattere corsivo o comunque diverso da quello del proprio atto, evitando possibilmente richiami parziali che possano alterarne il significato (si consiglia di riportare il passo integrale con carattere sottolineato per la parte di interesse, premettendo che il sottolineato è aggiunto);

1.1) è possibile indicare in alternativa la pagina dell'atto avversario che si sta esaminando;

2) siccome ogni busta telematica è un sistema chiuso, può essere opportuno riallegare gli atti ed i documenti precedentemente depositati, cui si rinvia nell'atto, così da consentire il link ipertestuale (modalità consigliabile per la redazione delle comparse conclusionali);

3) è altamente consigliato mettere sempre il numero delle pagine negli atti;

4) allegati:

4.1) è alquanto importante che i medesimi siano numerati progressivamente con formato 001 e ss. (fino a 100 allegati) e 0001 e ss. in caso siano di numero superiore a 100;

4.2) ad ogni allegato è opportuno che corrisponda apposito e distinto file, che a sua volta sia nominato con un'indicazione sintetica del suo contenuto (es. 002- contratto di compra-vendita del...);

5) consigliabile, per agevolarne la lettura, utilizzare link ipertestuali agli allegati richiamati nell'atto o quantomeno indicare in ogni caso la pagina dell'allegato a cui si fa riferimento, evidenziando, ove possibile, la parte di interesse;

5.1) in alternativa, dopo aver prodotto l'allegato integrale, è consigliabile che sia creato un file separato che contenga solo il passo o la clausola di interesse;

6) per agevolare la consultazione degli allegati è opportuno l'utilizzo di link ipertestuali, utili anche:

- per riportare massime di merito, senza appesantire l'atto - per rinviare a propri atti precedentemente depositati;

7) è consigliabile inserire in atto o nella nota spese le indicazioni opportune per motivare la misura degli importi richiesti.

ALLEGATO B

	PROTOCOLLO CNF CASSAZIONE 2015	**DECR. PRES. CONSIGLIO DI STATO N.167/2016**
FOGLIO	*ISO A4*	*ISO A4*
FONT	*Tipo corrente*	*Tipo corrente*
CORPO	*Almeno cp 12 (testo) note cp 10*	*Preferibilmente cp 14*
NOTE A PIÈ DI PAGINA	*Consentite*	*Escluse*
MARGINI	*2,5cm (tutti)*	*2,5cm (tutti)*
INTERLINEA	*1½*	*1½*
LIMITI DIMENSIONALI	*Esposizione fatto 5 pagine - motivi 30 pagine*	*70.000 caratteri spazi esclusi*
ESCLUSIONI DAL CALCOLO DEI LIMITI	*Intestazioni, indicazioni formali, sintesi motivi e conclusioni, elenchi, procura, relata notifica*	*Intestazioni, indicazioni formali, riassunto preliminare (max 4000 car.), indici, conclusioni, procura, relata notifica, dichiarazioni richieste dalla legge, ragioni per deroga art.5 (max 4000 car.)*

NOTA - per font di *tipo corrente* si intendono quelli di *default* nei programmi di elaborazione testi: Times New Roman, Courier, Helvetica, Garamond, Arial (sic)

BIBLIOGRAFIA

aa. vv. - *Atlante degli Archivi Fotografici e Audiovisivi Italiani Digitalizzati* - Marsilio, Venezia 2015

Guida per Leggere e Compilare una Bibliografia - Biblioteca del Senato Giovanni Spadolini - Roma, s.d.

Simone Aliprandi - *Creative Commons, Manuale Operativo* - Stampa Alternativa, Viterbo 2008

Simone Aliprandi - *Capire il Copyright, Percorso Guidato nel Diritto d'Autore* - Ledizioni, Milano 2012

Francesco Carnelutti - *Documento* - voce de *L'Enciclopedia Italiana* (1932)

Massimo Cerruti e Monica Cini - *Introduzione Elementare alla Scrittura Accademica* - Laterza, Bari X-2007

Laura Chimienti - *Lineamenti del Nuovo Diritto d'Autore* - Giuffré, Milano VII-2006

Codici di Deontologia e di Buona Condotta per i Trattamenti di Dati Personali per Scopi Storici e per i Trattamenti di Dati Personali per Scopi Statistici e Scientifici, allegati al *Decreto legislativo 30 Giugno 2003, n. 196, Codice in materia di Protezione dei Dati Personali*

Nancy Duarte - *Slide:ology - The Art and Science of Creating Great Presentations* - O'Reilly Media, Newton 2008

Umberto Eco - *Come si fa una Tesi di Laurea* - Bompiani, Milano 2001 *[edizione corrente]*

Felice Frankel e Angela Depace - *Visual Strategies: A Practical Guide to Graphics for Scientists & Engineers* - Yale University Press, New Haven 2012

Felice Frankel - *Envisioning Science: The Design and Craft of the Science Image* - MIT Press, Harvard 2002

Nicola Gargano e Luca Sileni, *Il Codice del PCT commentato* - Giuffré, Milano 2017

Giancarlo Iliprandi, Giorgio Lorenzo e Jacopo Pavesi - *Progettazione Visiva: dal Carattere alla Composizione - Grammatica del Comunicare 1* - Lupetti, Milano 2004

Giancarlo Iliprandi, Giorgio Lorenzo e Jacopo Pavesi - *Progettazione Visiva: dalla Scrittura all'Identità Aziendale - Grammatica del Comunicare 5* - Lupetti, Milano 2005

Giancarlo Iliprandi - *Progettazione Visiva: una Grammatica Ritrovata - Grammatica del Comunicare 6* - Lupetti, Milano 2009

Giorgio Jarach e Alberto Pojaghi - *Manuale del Diritto d'Autore* - Mursia, Milano 2011

Bice Mortara Garavelli - *Prontuario di Punteggiatura* - Laterza, Bari 2003

André Jute - *Grids, the Structure of Graphic Design* - RotoVision, Celigny 1996

Mirco Modolo - *L'ArtBonus, gli Archivi e le Biblioteche (Il sogno infranto delle libere riproduzioni: a Londra e Parigi gli studiosi possono riprodurre i documenti con mezzi propri, in Italia ancora no - Il danno per la libera ricerca è gravissimo)* - Il Giornale dell'Arte, 345, Settembre 2014

Bruno Osimo - *Manuale del Traduttore* - Hoepli, Milano III-2011

Elisa Perego e Christopher Taylor - *Tradurre l'Audiovisivo* - Carocci, Roma 2012

Renato Rolli e Domenico Siclari - *Codice dei Beni Culturali e del Paesaggio* - Aracne, Roma 2016

Karen Schriver - *Dynamiscs in Document Design : Creating Texts for Readers* - John Wiley & sons, New York 1997

Michele Spera - *Abecedario del Grafico. La Progettazione tra Creatività e Scienza* - Gangemi, Roma II-2005

Edward Tufte - *The Visual Display of Quantitative Information* - Graphics Press, Cheshire II-2001

Edward Tufte - *Envisioning Information* - Graphics Press, Cheshire 1990

Edward Tufte - *Visual Explanations* - Graphics Press, Cheshire 1997

Edward Tufte - *Beautiful Evidence* - Graphics Press, Cheshire 2006

Noah Wardrip-Fruin e Nick Montfort (eds.) - *theNewMediaReader* - MIT Press, Cambridge 2003

Jorge Viana Santos e Giovane Santos Brito - *Technical Photography of Documents for Construction of Digital Corpora: the Method developed in Lapelinc* - LETRAS & LETRAS - v. 30, n. 2 (jul/dez. 2014)

I Libri del Perito

I - Strumenti Giuridici per la Perizia Grafica
Ascanio Trojani - Marisa Aloia - Marlis Molinari

II - Strumenti Giuridici e Tecnici per la Perizia su Testamenti
Ascanio Trojani - Marisa Aloia - Marlis Molinari

III - Articoli 1985-2005
Ascanio Trojani

IV - La Consulenza in ADR
Marlis Molinari

V - Elaborato Peritale e Diritto d'Autore
Ascanio Trojani

VI - Testamenti tra più Mondi
Ascanio Trojani

www.ingramcontent.com/pod-product-compliance
Lightning Source LLC
Chambersburg PA
CBHW072221170526
45158CB00002BA/695